Eric T. Hansen
unter Mitarbeit von Astrid Ule

Forbetter your English
Englisch für Deutsche

Langenscheidt

Berlin · München · Wien · Zürich
London · Madrid · New York · Warschau

Forbetter your English
Englisch für Deutsche
Eric T. Hansen unter Mitarbeit von Astrid Ule

Eric T. Hansen, Jahrgang 1960, wuchs in Hawaii auf, wo er Sprachwissenschaft studierte, bis es ihn nach Deutschland verschlug und er in München zur Literatur des deutschen Mittelalters wechselte. Lange Jahre war er als Englisch-Sprachlehrer und Übersetzer tätig. Heute lebt und arbeitet er in Berlin und schreibt – auf Deutsch natürlich – humoristische Sachbücher mit seiner Co-Autorin Astrid Ule, unter anderem „Planet Mittelalter", die Bestseller „Planet Germany" und „Nörgeln! Des Deutschen größte Lust". Seine journalistischen Arbeiten erscheinen unter anderem in „The Washington Post", „The Hollywood Reporter", „Süddeutsche Zeitung", „GEO Special" und „Effilee".

Lektorat: Alexandra Bauer (textwerk, München)
Layout: Kathrin Mosandl
Covergestaltung: Agentur Kopfbrand, München
Foto: Ralf Ilgenfritz

© 2011 Langenscheidt KG, Berlin und München
Satz: kaltnermedia GmbH, Bobingen
Druck und Bindung: Stürtz GmbH, Würzburg
ISBN 978-3-468-73821-0
www.langenscheidt.de

Intro **5**

Lust, Fantasien, gestohlene Toiletten und andere Fettnäpfchen **9**
Welcome Ich heiße Sie „bitte schön" **11**   Dear Mein Kumpel, mein Schatz **13**   Friend Der feine Unterschied zwischen einem Freund und einem Serienmörder **14**   Toilet Wer hat die Toilette geklaut? **17**   Fantasy Die fantastische Vorstellungskraft **20**   Lust Haben Sie Lust? **23**

Die Muttersprache hat immer recht **27**
Feed Fressen ist fertig! **29**   Grow Pardon, mein Gewächs wächst **30**   We were three Wir sind drei, dürfen aber schon Alkohol trinken **32**   By foot Ich fahre zu Fuß **33**   Ready Ich bin so fertig **36**   Hair Ich habe Hunderttausende und liebe jedes einzelne von ihnen **37**   Like Wie eine Jungfrau **40**   Than Besser denn je **42**   As So gut wie gut **44**

Wer auf Englisch speisen will, muss auf Französisch ordern **49**
Kitchen Kellner, da ist ein Koch in meiner Suppe! **50**   Full Ich bin so voll **52**   Salad Ich sehe keinen Salat in diesem Salat **53**   Invite Du bist eingeladen – zu zahlen **55**   Menu Bitte essen Sie nicht die Speisekarte! **57**

Der Unterschied zwischen Freddy Nietzsche und Harry Potter **61**
The Der Briefträger, der den Hund biss **63**   I am Action! Immer nur Action! **67**   I was at Dabei sein ist nicht alles **70**   I'll see you Wir sehen uns – aber wer ist eigentlich „uns"? **74**   Myself Ich mich auch **76**

Wie das Leben so spielt **81**
Luck Glück in der Liebe, Unglück im Glück **82** Listen Ich höre, aber ich höre nicht zu **84** Watch Sehen Sie noch oder schauen Sie schon? **86** Sensitive Unsinn und Unsinnlichkeit **89** Become Ich werde und werde nicht geworden **91** Spiel, game, gamble, play Das Leben ist ein Spiel **94** Funny Das ist nicht witzig! Aber es macht Spaß **102**

Ein „Hä?"! Ein Königreich für ein „Hä?"! **107**
Get up Alle, die nicht rumliegen wollen, sollen rumstehen **109** Stay Wer zu lange bleibt, den bestraft das Leben **111** Actual Meine Liebe könnte nicht aktueller sein **112** Eventual Eigentlich nicht, aber eventuell schon **114** Mean Was meinen Sie mit „Ihrer Bedeutung"? **115** Opinion Ich denke, das ist meine Meinung **118** Believe Ich will glauben … denke ich **120** Snoring Hör auf zu schnorcheln! **121**

Mehr Wörter als Fürze auf einer Bohnenfarm **123**
Remind Grüß mir die Erinnerung **125** Side Auf welcher Seite lesen Sie eigentlich? **128** Heavy Nimm's nicht schwirig **130** Heaven Mami, Mami, regnet es im Himmel? **131** Great Napoleon war ein großer Mann, aber so groß nun auch wieder nicht **133** Fault Es ist nicht mein Fehler, aber meine Schuld **136**

Du bist kein Rapper – und andere Missverständnisse 141
You Sie können „Ihr" zu mir sagen **142** First-name basis Nenn mich Dr. Bob **146** Shall Du sollst nicht sollen **150** Must Muss ist kein Muss **155** Hip-hop Sag niemals mothafucka **157**

Sprechen Sie endlich Englisch wie ein Deutscher! ... **165**
Th Th … th … thorry! **171** W Au Veia! **175** Oxford english Auf der Suche nach dem wahren Englisch **177** Original version Wenn Marlon Brando nuschelt, ist das Kunst **180** The transatlantic list Oh Mann, bin ich gestopft worden **184**

Intro

Ich weiß, wie es ist, sich mit einer Fremdsprache herumzuschlagen, weil ich die angeblich schwerste Sprache aller Zeiten gelernt habe – Deutsch.

Noch heute, Jahrzehnte später, sitzt der Schock von damals tief. Ich hockte in diesem miefigen Klassenzimmer im sonnigen Hawaii und versuchte verzweifelt, den völlig unsinnigen Erklärungen meiner Deutschlehrerin zu folgen. Wie zum Beispiel: Wörter hätten Geschlechter.

„Warum?", fragte ich.

„Das ist einfach so", gab sie zur Antwort.

Ein Hund sei ein „Er", eine Katze eine „Sie", aber ein Mädchen ein „Es".

„Wie kann das denn sein?" Ich war verstört. „Was für Menschen tun so was?"

„Es ist einfach so", sagte sie.

Artikel wechselten ihre Form wie unsereins die Hemden – der, den, dem, dessen –, je nachdem, ob sie gerade Nominativ, Akkusativ, Dativ oder Genitiv waren. Wie? Es hieß zwei Tische und zwei Stühle, aber zwei Tassen und zwei Gläser. Was? Wurde ein Satz etwas komplizierter, kam das Verb erst am Ende – das heißt bei uns *verb-kicking*.

„*Verb-kicking*? Sie machen Scherze!", klagte ich.

Sie zuckte die Achseln. „Doch, doch, so ist es."

Hinter dieser Sprache steckte überhaupt keine Logik. Die Deutschen konnten sich nicht mal einigen, wie viele Buchstaben es im Alphabet gibt. Sie behaupten 26, können aber nicht erklären, wo denn da die Umlaute ä, ö, ü und das Eszett bleiben. Und überhaupt – wer kommt auf so eine Idee, ein Doppel-S wie ein großes B zu schreiben? Muss das sein?

„Das MaB ist voll? Was ist ein MaB?"

Dann geschah es auf fast wundersame Weise, dass der Spieß sich umdrehte. Auf einmal stand ich vor einer Klasse voller verzweifelter Gesichter und musste immer wieder beteuern: „Ich weiß auch nicht, wie das kommt. Es ist einfach so."

Bevor ich in den 80ern nach Deutschland kam, erkundigte ich mich, wie ein junger Ami, der diese vertrackte Sprache nur rudimentär beherrscht, dort Geld verdienen könne. Die Antwort lautete: mit Englischunterricht. Der Markt sei riesig, alle Deutschen wollten ihr Englisch auffrischen – und alle bevorzugten sie *native speakers*. Für sie gilt jeder *native speaker* als Experte. Das hat einerseits zur Folge, dass unendlich viele Angloamerikaner (damit meine ich Engländer, Amerikaner, Kanadier und Australier – transatlantische englische Muttersprachler also) dieses schöne Land ausgiebig studieren können, ohne dass ihnen nach einer Woche das Geld ausgeht. Andererseits wimmelt es in den Sprachschulen nur so von jungen Leuten, die nur deswegen Lehrer sind, weil ihre Muttersprache zufällig Englisch ist.

Im Hinblick auf mein Überleben in der Fremde änderte ich also mein Fach an der „University of Hawaii" von Anglistik zu Linguistik, und nach zwei Jahren wechselte ich auf die Ludwig-Maximilians-Universität in München. Dort brachte ich in privaten Sprachschulen frühmorgens und abends gestandenen Managern, Bankern und Sekretärinnen sowie angehenden Stewardessen, Schauspielern und Stipendiaten Englisch bei. Das ging auch nach Abschluss meines Studiums der deutschen Literatur des Mittelalters so weiter. Als freier Journalist im Ausland schwankte die Auftragslage gelegentlich, und in solchen Zeiten griff ich auf Übersetzungsarbeiten zurück und eben immer wieder auf Englischunterricht.

Ich erinnerte mich schmerzlich an meine Deutschstunden in Hawaii, wann immer meine Schüler mal wieder zu verstehen suchten, was der Unterschied ist zwischen *I come* und *I am coming* oder warum *fun* einfach nicht *funny* ist, weshalb *luck* manchmal, aber nicht immer „Glück" heißt. Und ich wusste: Der Ausdruck der Verwirrung in den Gesichtern war echt.

Während die Manager, Sekretärinnen und Studenten kamen und gingen, fiel mir etwas auf. Wenn es darum geht, Englisch zu lernen, haben die Deutschen, so unterschiedlich sie es auch angehen, einiges gemeinsam:

> 1. Alle glauben fest daran, dass sie viel schlechter sprechen, als sie es in Wahrheit tun.
> 2. Alle glauben, sobald sie erst die Regeln der Grammatik verstanden haben, würden sie die Sprache automatisch beherrschen.
> 3. Alle glauben, dass es so etwas wie „Oxford Englisch" tatsächlich gibt.
> 4. Alle glauben, Englisch sei eine unglaublich einfache Sprache – und dieser Glaube hält faszinierenderweise auch dann noch an, wenn sie nach der zehnten Erklärung immer noch nicht das englische Plusquamperfekt verstanden haben.
> 5. Alle machen immer wieder die gleichen Fehler – nicht die Fehler, die Franzosen oder Italiener machen, sondern „deutsche Fehler".

Irgendwann, dachte ich mir damals, muss ich mal ein Buch schreiben, in dem all das vorkommt. Kein Buch, das die gesamte englische Sprache erklärt, bloß eines, das sich ausschließlich mit den typischen Stolperfallen beschäftigt, in die speziell die Deutschen immer wieder tappen. Ein Buch über Englisch – nur für Deutsche.

Ich fing an, mir während des Unterrichts und in Gesprächen mit Freunden Notizen zu machen: Was einem die Englischlehrer in der Schule alles nicht erzählen; die Klischees über meine Muttersprache, die einfach nicht stimmen; die grundlegenden Unterschiede zwischen den beiden Sprachen, die nicht nur mit Vokabeln oder Grammatik zu tun haben.

Hier ist nun, nach fünf satirischen Büchern über andere Aspekte der deutschen Kultur, das Buch, das ich damals unbedingt schreiben wollte. Es ist für alle meine ehemaligen Schüler, die ich je mit dem englischen Plusquamperfekt gequält habe[1], in der Hoffnung, ihnen den Zugang zum Englischen ein Stück weit erleichtert zu haben.

Denn hinter der trockenen Mechanik der Sätze und Zeiten einer jeden Fremdsprache verbirgt sich eine elegante, faszinierende Lebendigkeit, die man anfangs nicht gleich mitbekommt. Wenn meine Lehrerin auf der Highschool mir klargemacht hätte, dass es im Deutschen so selten schöne Wörter gibt wie das erhabene „Anmut", das witzige „Mumpitz", das sehnsüchtige „Fernweh" oder den mysteriösen Begriff „Aber hallo!", hätte ich mich auf der Stelle in diese Sprache verliebt. Also habe ich mich nicht lumpen lassen. In diesem Buch werden Sie mehr poetische Begriffe, komische Redewendungen und schmutzige Wörter finden als in ähnlichen Sprachbüchern und ganz sicher nicht die, die Sie in der Schule gelernt haben. In diesem Sinne: *Go for the bacon!* – Ran an den Speck!

Lust, Fantasien, gestohlene Toiletten und andere **Fettnäpfchen**

Wie erkennt man einen Deutschen im Ausland?

Ganz einfach. Sagen wir, Sie begegnen irgendwo auf der Welt, zum Beispiel in Hawaii, einer bunt zusammengewürfelten Gruppe von Touristen. Alle können sich auf Englisch verständlich machen. Falls Sie wissen wollen, ob Deutsche darunter sind, sprechen Sie die Touristen einfach auf Englisch an und achten Sie darauf, wie sie reagieren: Diejenigen, die nicht aus Deutschland kommen, werden zwar etwas holprig antworten, doch das kümmert sie nicht weiter, sie radebrechen sich munter durchs Gespräch.

Die Deutschen werden ebenfalls auf Englisch antworten – allerdings mit zwei Unterschieden: Sie sprechen es meist ausgezeichnet und der zweite Satz heißt immer *Excuse me please, I speak very bad English*.

Bingo: ein Deutscher.

Ich lebe jetzt seit 25 Jahren in Deutschland, und noch nie habe ich mit einem Deutschen ein Gespräch in meiner Muttersprache geführt, ohne dass er sich gleich eingangs für sein schlechtes Englisch entschuldigt hätte. Für andere Wissenslücken gilt das nicht. Kein Deutscher entschuldigt sich dafür, dass er den ersten Hauptsatz der Thermodynamik nicht beherrscht. Aber für sein Englisch ...

Ich kann mir das nur so erklären: Alle Deutschen hatten in der Schule die penibelsten, gemeinsten, haarspalterischsten Englischlehrer der Welt und müssen von ihnen regelrecht traumatisiert worden sein. Noch Jahre später können sie nicht mal an ein angelsächsisches Wort denken, ohne in kalten Schweiß auszubrechen. Denn eine Entschuldigung ist alles andere als angebracht. Deutsche sprechen unsere Sprache meist erstaunlich flüssig. Wir Typen aus der englischsprachigen Ecke der Welt machen uns ja kaum je die Mühe, eine andere Sprache zu lernen. Wenn dann einer daherkommt und problemlos in einer Fremdsprache kommuniziert, sind wir grundsätzlich erst mal von den Socken.

Deshalb ist es so gut wie unmöglich, sich bei uns aufgrund falscher Grammatik, unklarer Aussprache oder schlechter Wortwahl zu blamieren. Wir sind einfach nur froh, wenn wir Sie verstehen können, und achten gar nicht auf kleine Fehler. Sollten Sie also derartige Befürchtungen hegen, vergessen Sie die sofort wieder und sprechen Sie einfach drauflos, wie Ihnen der Schnabel gewachsen ist.

Ein paar Fettnäpfchen stehen natürlich auch in meiner Sprache immer bereit, doch sie haben weniger mit Grammatik als mit der Bedeutung der einzelnen Wörter zu tun – und sie lassen sich leicht vermeiden. Wenn Sie wissen wollen, was „Willkommen" wirklich bedeutet, wie Sie eine Toilette erkennen, wann Ihre Fantasie möglicherweise zu schmutzig wird oder wie Sie einen Freund von einem Serienmörder unterscheiden, dann lesen Sie weiter.

WELCOME

Ich heiße Sie „bitte schön"

Meine deutsche Freundin Charlotte war ganz schön aufgeregt, als sie das erste Mal mit mir nach Amerika flog, um unter anderem meine Eltern kennenzulernen. Sie können sich bestimmt vorstellen, wie nervös sie war – aber meine zuvorkommende Mutter tat ihr Bestes, Charlotte freundlich aufzunehmen. Vielleicht war sie auch zu zuvorkommend.

Schon am Flughafen begrüßte sie Charlotte mit den Worten: *„Welcome to Hawaii!"* (Willkommen in Hawaii!)

Beim Abendessen fiel das Wort erneut. Charlotte bedankte sich höflich für den Truthahnbraten sowie das Maisbrot, und meine Mutter erwiderte freundlich: *„You're welcome!"*

Am Frühstückstisch bei French Toast mit Ahornsirup ging es weiter: *„You're welcome!"*

Und dann wieder, als mein Vater uns zu den örtlichen Sehenswürdigkeiten kutschierte: *„You're welcome!"*

Langsam wurde es Charlotte unheimlich. War diese Familie gar nicht so freundlich, wie sie tat? Wieso mussten sie ihr immer wieder bestätigen, dass sie in Hawaii willkommen war? Hatten sie vor, sie hier festzuhalten? Willkommen in Amerika – hier kommst du nie wieder raus!

Der Albtraum riss nicht ab: Vier- oder fünfmal täglich wurde sie willkommen geheißen. Sie schlief schlecht, zuckte zusammen, wenn sie meine Eltern sah, wehrte jeden Gefallen ab und musste sich schließlich mit Migräne im dunklen Zimmer hinlegen – während wir anderen draußen in der Sonne grillten. Als sie sich dann für das Aspirin bedankte und meine Mutter erneut beteuerte *„You're welcome"*, flippte Charlotte aus. „Was habt ihr nur gegen mich", schrie sie meine Mutter an, „wollt ihr mich fertigmachen? Wollt ihr, dass ich wieder gehe?" Ich lief ins Haus, und sie brüllte mich an: „Was hast du nur für Eltern!" Meine Mutter blickte mich besorgt an und machte das Zeichen für einen Sonnenstich. Es bedurfte einiger Nachfragen, um herauszubekommen, was hier eigentlich vor sich ging. Der armen Charlotte standen die Tränen in den Augen, als sie meinte: „Kein Mensch sagt dir fünfmal täglich, dass du bei ihnen willkommen bist, es sei denn, sie wollen dich verrückt machen oder vertreiben!"

Dass ich daraufhin in schallendes Gelächter ausbrach, machte ihre Wut nicht unbedingt kleiner. Als ich ihr dann allerdings erklärte, warum, lachte sie lauter als ich.

Auf Englisch bedeutet *Welcome to America* „willkommen in Amerika", das stimmt. Doch die schlichte, omnipräsente Floskel *you're welcome* wird ganz einfach mit „bitte schön" übersetzt. Wenn Sie sich im Englischen für etwas bedanken, hören Sie daraufhin nicht *please* (bitte), sondern *you're welcome*. Viele Deutsche erwarten *please*, doch dieses Wort benutzen wir in einem anderen Zusammenhang. Weil es „bitte" heißt, verwenden wir es immer nur ... na ja, bei einer Bitte eben:

> *Would you please pass the sauce?* = Könntest du mir bitte die Soße reichen?

Selbst ironisch kommt *please* zum Einsatz:

> *Would you please shut up?* = Würdest du bitte endlich die Klappe halten?

Ich konnte Charlottes Verstörung lebhaft nachfühlen. Genau wie es ihr mit dem englischen „Bitte" erging, war es mir mit dem deutschen „Danke" ergangen. Lange bevor wir nach Amerika reisten, saß ich mehrmals mit ihren Eltern um den Esstisch und musste stundenlang das deutsche „Danke" ertragen.

Ich gehöre nämlich zu dieser Sorte Mensch: Wenn ich Hunger habe, dann habe ich Hunger. Also freute ich mich, als ihre Eltern mir Nachschlag anboten: „Das letzte Stück Sauerbraten?" Oh ja, das käme gerade recht, dachte ich. Und bedankte mich gleich herzlich, wie ein höflicher Amerikaner das tut: „Danke!"

Ein wenig irritiert war ich schon, als das letzte Stück Sauerbraten auf dem Teller des Hausherrn landete und von dort aus prompt verschwand. Mein Hunger wuchs weiter, bis mir beim Dessert endlich das letzte Stück Zwetschgenkuchen mit Schlagsahne offeriert wurde. Ich bedankte mich erfreut, allerdings wurde es mir erneut wortlos entzogen und dem Hausherrn gegeben.

Erst mitten in der Nacht – meine Freundin rüttelte mich wach, weil mein Magen so laut knurrte, dass sie nicht einschlafen konnte – wurde mir erklärt, was es mit „danke" an einem deutschen Esstisch auf sich hat. Es bedeutet nicht wie in Amerika: „Das ist ein tolles Angebot, ich nehme es gerne an und bedanke mich dafür", sondern „nein, danke".

DEAR

Mein Kumpel, mein Schatz

Der charmanteste Fehler, den mein alter Kumpel Jochen jemals gemacht hat – und zwar immer wieder –, war, mich „mein Lieber" zu nennen. Das heißt, er glaubte, „mein Lieber" zu sagen. Eigentlich sagte er jedoch etwas ganz anderes, denn er übersetzte diese Worte einfach ins Englische mit *my dear*.

Das erste Mal, als das passierte, saßen wir in einer Kneipe beim Bier. Wir unterhielten uns auf Englisch, und es wurde spät. Irgendwann meinte Jochen: *„My dear, it's time to go."* Ein leichter Schock durchfuhr mich. War Jochen schwul? Wieso nannte er mich plötzlich „mein Schatz"?

Was er eigentlich sagen wollte, war so was wie *my friend* oder auch einfach *buddy* (Kumpel). Oder gar, wie ältere Herren in England einmal zu sagen pflegten: *old boy* – das geht ebenfalls, dann aber bitte nur mit einer Pfeife im Mundwinkel und einer guten Prise Ironie.

Ich bin mir sicher, als eingefleischter Macho hätte mein guter Freund sich dafür geschämt, hätte er gewusst, was er da in Wirklichkeit sagte. Ich fand es aber irgendwie süß. Also habe ich ihn nie darauf hingewiesen.

FRIEND

Der feine Unterschied zwischen einem Freund und einem Serienmörder

Armer Jochen. Es gibt Deutsche, die in ihrem Umgang mit Amerikanern einfach kein Glück haben, obwohl sie Amerika doch so lieben – und Jochen gehört dazu. Er kann zum Beispiel nicht verstehen, dass wir Amerikaner eine andere Auffassung von Freundschaft haben als die Deutschen. Das geht ihm einfach nicht in den Kopf. Mit erkennbarer Entrüstung erzählte er mir einmal von seiner ersten Reise in die USA und einer denkwürdigen Begegnung im dortigen Supermarkt:

„Da war ein ganz cooler Typ, er suchte das Bierregal und ich auch. Er spielte in einer berühmten Band, von der ich noch nie was gehört hatte, und er war ganz offen und freundlich – wirklich erfrischend, nicht wie hier in Deutschland. Wir nannten uns sofort beim Vornamen, als ob das das Normalste auf der Welt wäre. Er wohnte in so einer Villa mit einigen Kumpels, und die Mädels kommen und gehen da – der reinste Wahnsinn. Er meinte, ich solle mal vorbeikommen, das Haus sei groß. Und er beschrieb mir sogar, wie ich es finde. Toll! Meine Amerikareise wurde zum Abenteuer – wie im Kino. Mein Hotel war sowieso viel zu teuer. Also checkte ich aus, stieg mit meinem ganzen Gepäck in ein Taxi und fuhr zu ihm. Als er aber an die Tür kam, du wirst es nicht glauben, erkannte er mich gar nicht mehr. Er wusste nicht mal mehr meinen Namen! Dabei hat er gesagt, wir wären Freunde!"

Möglicherweise handelt es sich um ein sprachliches Problem. Während in Deutschland das Wort „Freund" ganz einfach „Freund" bedeutet, hat das Wort *friend* in Amerika neben „Freund" auch andere Bedeutungen: zum Beispiel „Bekanntschaft", zuweilen sogar „Fremder, dessen Namen ich zwar vergessen habe, der aber ganz nett ist, denke ich". „Aber wie erkenne ich, was gemeint ist?", fragen Sie zu Recht. Das kommt natürlich auf die Situation an. Hier ein kleiner Hinweis: Wenn Sie Ihren neuen *friend* im Supermarkt kennenlernen und er lädt Sie gleich zu sich nach Hause ein, bedeutet in diesem Fall *friend* nicht „Freund", sondern eher „Angeber", möglicherweise „Spinner" oder wenn Sie echt Pech haben „Serienmörder".

Die Wahrheit ist, wir wenden den Begriff *friend* auf Hinz und Kunz an – aus Rücksicht auf Hinz' und Kunz' Gefühle. Alle wissen doch, es ist viel besser, ein Freund zu sein als eine Bekanntschaft. Ein Freund steht einfach höher in der Hierarchie, und Amerika ist, allen Gerüchten zum Trotz, voller versteckter Hierarchien. Über einen anderen Menschen klipp und klar zu sagen, er tauge nicht zum Freund, ist eine subtile Herabwürdigung: „Darf ich vorstellen? Jochen, eine Bekanntschaft von mir – er würde ja zu meinen Freunden gehören, aber es fehlt ihm ein gewisses Bewusstsein für die körperliche Hygiene, wie Sie sicherlich riechen können. Und dann gibt es noch diese hartnäckigen Gerüchte um bizarre Hobbys, denen er angeblich in seinem Keller nachgeht. Sonst ist er aber super!"

Wer will so was über sich hören? Wer will so was über einen anderen Menschen sagen? Also ist jeder im Land der Gleichheit erst mal ein *friend*. Später, nach vielen Jahren des Kennenlernens, kann er immer noch herabgestuft werden. Und wird er herabgestuft, dann kommt eine ganze Reihe von Begriffen in Betracht:

A friend of mine ist einer von vielen und sticht nur bedingt aus der Masse der sonstigen Freunde heraus – es handelt sich also um eine „bessere Bekanntschaft".

An acquaintance (Bekanntschaft) hat nun wirklich gar keinen Wert – es handelt sich um eine sehr flüchtige Bekanntschaft, deren Namen man wahrscheinlich vergessen hat; manchmal sogar um jemanden, den man nicht unbedingt mag. Jemanden in dessen Anwesenheit als *acquaintance* zu bezeichnen, ist derart lieblos, dass Sie ihn eigentlich gleich *loser* nennen können.

Selbst das unentschlossene *a guy I know* oder gar das ganz distanzierte *a man I met* ist besser als eine *acquaintance*. „Ein Typ, den ich kenne" gehört zwar nicht zu den Freunden, sein Status ist ungewiss – er könnte sich aber noch zum *friend* hochmausern.

Co-worker oder *colleague* sind einerseits lieblos – man arbeitet zusammen, sonst nichts, möglicherweise kennt man sich nicht mal beim Namen –, andererseits zeugt es von Respekt gegenüber dem Kollegen. Im Übrigen neigen wir eher zu *co-worker*. Den Begriff *colleague* benutzen hauptsächlich Deutsche.

Buddy und *pal* sind besonders knifflig, weil sie – genau wie im Deutschen „Kamerad" oder „Kollege" – sowohl nett als auch distanziert gemeint sein können.

Wird man auf der Straße belästigt und will das unterbinden, sagt man:

> *Look, buddy, I'm giving you two seconds to get your beard out of my soup.* = Hör mal, Sportsfreund, du hast zwei Sekunden, deinen Bart aus meiner Suppe zu fischen.

Ein „Kumpel" kann aber auch ein alter Bekannter oder gar ein enger Freund sein:

> *Bartender, my pal here needs a beer.* = Barkeeper, mein Kumpel hier braucht ein Bier.
> *My pal needs a new kidney, and goddamnit I'm going to give him one.* = Mein Kumpel braucht eine neue Niere, und ich werde ihm verdammt noch mal eine geben.

Apropos Freunde: Alle wissen, dass ein „Freund", mit dem man Sex hat oder gar andere traumatische Unternehmungen wie eine Familie plant, auf Englisch kein *friend* ist, sondern ein *girlfriend* beziehungsweise ein *boyfriend*. Manchmal gibt es da trotzdem Missverständnisse.

Um die Sache klarzustellen – nämlich, dass man mit diesem attraktiven Typen da doch keinen Sex hat, Gott bewahre – schiebt man ein *just* davor:

> *I hear you've been seeing Jerry a lot.*
> *Yes, but we're just friends.*

Im Übrigen ist es nicht so, dass wir Amerikaner nicht wissen, wie locker wir mit der Bezeichnung *friend* umgehen. Im Gegenteil. Manchmal machen wir uns über diesen dehnbaren Begriff selber lustig. Während *my best friend* ganz klar einen guten alten Freund bezeichnet, ist *my new best friend* immer ironisch gemeint:

> *You'll never guess who my new best friend is: I just met this German guy in the supermarket who was very interested in how big my house is. I think he's staying at an expensive hotel and wants to save money.*

TOILET

Wer hat die Toilette geklaut?

Erst als ich das nächste Mal alleine meine Eltern besuchte, erfuhr ich, was meine Mutter wirklich von Charlotte hielt:

„Ich mochte sie schon", insistierte meine Mutter. „Deine Freundin ist sehr nett und zuvorkommend. Ich hatte gar nichts an ihr auszusetzen. Wie kommst du nur darauf, dass ich dir meine wirkliche Meinung nicht sage?"

„Mom, ich kenne dich. Was hältst du nun wirklich von ihr?"

„Ich weiß nicht, was du meinst. Hilfreich und freundlich war sie auch noch."

„*Mom* ..."

„Na ja, manchmal hatte ich das Gefühl, nur manchmal ... dass sie irgendwie ein bisschen unfein sein könnte. Nicht ordinär, das nicht, aber fast ..."

„*Mom!* Wie kannst du das sagen? Inwiefern war sie ordinär?"

„Nicht direkt, nur ... na ja, gleich am ersten Tag hat sie mich unter vier Augen in der Küche gefragt, wo die Toilette sei."

Da war alles klar.

Es stimmt: Die Deutschen kommen in Amerika manchmal als leicht vulgär rüber. Nicht nur, weil ihr Humor etwas derber ist als unserer oder weil auf deutschen Plakaten ab und zu eine nackte Brust zu sehen ist oder gar weil die Deutschen in ihrer Art direkter sind – und mit direkter meine ich unhöflicher. Nein, eher weil sie gerne Ausdrücke wie *toilet* in der Öffentlichkeit benutzen. Was die Amerikaner und Engländer dabei nicht wissen: Es handelt sich um ein rein sprachliches Problem.

Viele Deutsche übersetzen die Frage: „Wo ist hier die Toilette?" mit „*Where's the toilet?*". Im Englischen gibt es darauf nur eine richtige Antwort: „Die Toilette ist da, wo sie hingehört, Dummchen. Im Badezimmer natürlich."

Bei uns ist die „Toilette" nämlich kein Zimmer, sondern eine Porzellanschüssel. Im englischsprachigen Raum sucht man nicht die Porzellanschüssel selbst, sondern den Ort, in dem sie sich befindet: der *bathroom* oder *restroom*.

Zwischen *bathroom* und *restroom* gibt es nur einen unmerklichen Unterschied: Der *bathroom* wird vorwiegend zu Hause aufgesucht und der *restroom* eher an öffentlichen Orten.

Ist man nun im *bathroom* angelangt und stellt dort fest, dass die Toilette geklaut wurde, dann – und nur dann – darf man noch mal aus dem Raum herausstürmen und in die Runde fragen: „He! Wo ist die Toilette?"

Als ich von Charlotte später wissen wollte, warum sie meine Mutter nicht einfach nach dem *bathroom* gefragt hatte, erwiderte sie: „Aber ich wollte doch nicht duschen."

Erst dann fiel mir überhaupt auf, wie unlogisch die englische Sprache manchmal sein kann: Im Gegensatz zu den Deutschen können wir problemlos *bathroom* und *restroom* zu Räumen sagen, in denen weder gebadet noch ausgeruht wird. Andere Bezeichnungen sind noch sinnloser. Es ist nämlich nicht so, dass es keine anderen Wörter für Toilette im Englischen gibt. Ganz im Gegenteil: Wir haben sehr viele davon. Nur einer jungen Dame sei empfohlen, diese nicht in Anwesenheit der Mutter ihres neuen Freundes anzuwenden. Falls Sie aber neugierig sind und doch mal wissen möchten, was Sie alternativ alles sagen könnten, hier eine bescheidene Auswahl:

> *water closet, closet, W.C.* (Wird nur in England verwendet, Amerikaner kennen den Begriff nicht.)
> *loo* (England, häufig)
> *privy* (England, veraltet)
> *lavatory* (fast nur noch auf Flughäfen, sehr formal)
> *latrine* (nur beim Militär, oft draußen im Dschungel)
> *can, thunderbox, porcelain throne* und *john* (Slang)
> *powder room* (Ich brauche wohl nicht zu erwähnen, dass eine Dame solche Einrichtungen wie ein Klo von Haus aus nicht braucht. Aber die Nase pudern, das muss schon mal sein.)
> *facilities* (Amerika, sehr höflich; so fragt man nach einer Toilette, wenn man zu Gast in einem fremden Haus ist und extra höflich sein will.)
> *outhouse* (Plumpsklo, weil es draußen ist)

Und hier mein persönlicher Lieblingsbegriff: *I've got to see a man about a horse.* Man entschuldigt sich, weil man ein dringendes Gespräch mit einem Mann über ein Pferd führen muss. Nur was für echte Cowboys.

FANTASY

Die fantastische Vorstellungskraft

Ebenso irritierend wie das unerwartete Verlangen nach Porzellanschüsseln ist es, wenn Deutsche ohne Vorwarnung öffentlich über ihre sexuellen Vorlieben reden.

Ich schrieb hin und wieder Artikel für eine deutsche Kulturzeitschrift, die man „klein, aber fein" nennt. Und dort sprach man mich in Redaktionssitzungen gern auf Englisch an. Das passiert jedem englischen Muttersprachler in Deutschland ständig: Alle wissen, wir können Deutsch; trotzdem, sobald sie uns nur ansehen, fluten ihnen ungefragt englische Wörter in den Kopf, und die müssen sie einfach loswerden. So kam es, dass diese Redaktionssitzungen zwar auf Deutsch geführt wurden, mir aber immer, wenn ich etwas sagte, auf Englisch geantwortet wurde. Fragen Sie jeden englischen Muttersprachler, den Sie kennen, er wird Ihnen die gleiche Geschichte erzählen.

In einer dieser Sitzungen sprachen wir über den neuesten Trend aus Amerika: Vampire in Büchern, Filmen und Fernsehserien. Sie überschwemmten gerade den Markt, und alle schienen plötzlich verrückt nach ihnen zu sein.

Da warf mir die Redakteurin Frau Bayer-Schnarrnhofer einen Blick zu, rollte mit den Augen und sagte: „*Not me. I don't have that kind of fantasy.*"

Hoppla.

Ich schaute mir die Dame etwas genauer an. Frau Bayer-Schnarrnhofer war schon etwas älter, aber durchaus apart, auf ihre direkte Art sympathisch und – nach ihrem modischen Outfit zu urteilen – vermutlich sogar sexuell aktiv. Was für ein Zufall: Ich bin ein Mann, den nach ein oder zwei Gläsern Wein ein gewisser Altersunterschied überhaupt nicht stört. Erschwerend kam hinzu, dass Charlotte schon seit einer Woche bei ihrer Mutter in einer entfernten Stadt weilte.

Nun hatte Frau Bayer-Schnarrnhofer das Thema gekonnt auf ihre ganz persönlichen sexuellen Fantasien gelenkt. War das ein Angebot?

„What kind of fantasies do you have?", fragte ich ebenso gewieft. *„Are they fantasies that involve younger, vampire-loving American journalists?"*

Sie runzelte verwirrt die Stirn und erwiderte zögernd: „Vielleicht sollten wir das Thema wechseln, Herr Hansen."

Danach wurde ich nie wieder von der Dame gebeten, irgendwas für ihre Zeitung zu schreiben. Doch das Schlimmste ist, wann immer ich in einen Vampirfilm gehe, üben ältere Damen, die nach dem Kino zufällig meinen Weg kreuzen, aus irgendeinem mir schleierhaften Grund eine ganz besondere Faszination auf mich aus.

Noch lange habe ich mich gefragt, was ich falsch gemacht habe. Inzwischen weiß ich wenigstens, was sie falsch gemacht hat: Das deutsche Wort „Fantasie" im Sinne von „Vorstellungsvermögen" heißt auf Englisch nicht *fantasy*.

Die aparte Frau Bayer-Schnarrnhofer wollte offenbar nur sagen, dass ihre Fantasie oder Vorstellungskraft gewisse Grenzen hätte und Vampire jenseits davon lägen. Diese Art von Vorstellungskraft nennen wir auf Englisch aber anders: *imagination* – die kennen Sie noch aus dem Song „Imagine" von John Lennon:

> *„Imagine all the people*
> *Living for today ..."*
> (Stell dir all die Menschen vor,
> wie sie im Hier und Jetzt leben ...)

Imagination ist also das Vermögen, sich etwas vorzustellen – und das kann positiv oder auch negativ sein:

> Ein Kind, das sich immer vor den Monstern unter dem Bett fürchtet, hat zu viel Fantasie. = *He has too much imagination.*

> Wer sich hysterisch in eine völlig unrealistische Angst oder in eine Vorstellung hineinsteigert, lässt sich von seiner Fantasie leiten. = *His imagination is running away with him.*

Imagination ist nicht nur die Fähigkeit zu träumen. Sie ist auch eine wichtige und begehrte intellektuelle Fähigkeit, die von Kreativen, Wissenschaftlern, Managern und Politikern gefordert wird. Wer ein Problem klären muss, für das es keine herkömmliche Lösung gibt, braucht Vorstellungskraft. Wenn ein Manager immer das Gleiche tut, obwohl die Situation etwas Neues verlangt, sagt man: *He doesn't have much imagination.*

Als Kaiser Wilhelm II. erklärte: „Ich glaube an das Pferd. Das Automobil ist eine vorübergehende Modeerscheinung", möchte ich wetten, dass ein, zwei Londoner das folgendermaßen kommentierten: *These Germans need politicians with imagination.*

Und natürlich, wenn eine Frau meint: „Ich wüsste schon, was wir tun könnten, falls nichts im Kino läuft" und der Mann in gewohnt zackiger Manier antwortet: „Hä? Was denn?", muss sie an dieser Stelle unbedingt sagen: *Use your imagination.*

Eine *fantasy* auf Englisch hat dagegen zwar auch etwas mit Träumen zu tun, bezeichnet aber eine konkrete, fiktive Geschichte oder Szene. Bildet ein Mann sich ein, er sei bei den Frauen erfolgreicher, als die Frauen dies so erleben, heißt es: *He lives in a fantasy world.*

Zudem ist *fantasy* etwa seit den 60ern eine anerkannte literarische Gattung: „Der Herr der Ringe", „Harry Potter" und „Conan" sind *fantasy novels* beziehungsweise *fantasy films*. Und der jüngste Trend bei allen Sportbegeisterten, die sich lieber theoretisch als praktisch austoben, heißt *fantasy baseball* oder *fantasy football*: Gruppen von Männern mittleren Alters stellen nur aus den statistischen Daten echter Sportler eine unsichtbare Mannschaft zusammen und lassen sie auf Papier oder im Internet gegen eine andere Fantasy-Mannschaft antreten.

Doch eine Bedeutung von *fantasy* gibt es, die alle anderen überragt: *the sexual fantasy*. Seit Sexualforscher in den 60ern verstärkt über sexuelle Fantasien geschrieben haben, hat das Wort *fantasy* eine immer stärkere erotische Komponente bekommen. Sagen Sie irgendeinem appetitlichen Menschen einmal *I had a fantasy about you*, und Sie haben am nächsten Tag eventuell eine Anzeige wegen sexueller Belästigung auf dem Tisch. Oder auch ein sehr interessantes Angebot – je nachdem, wie aufgeschlossen dieser appetitliche Mensch ist. Das Risiko könnte es wert sein.

LUST

Haben Sie Lust?

Das schockierendste Wort, das ich jemals aus deutschem Munde hörte, wurde nicht von Charlotte, sondern von unserer schönen Nachbarin ausgesprochen. Es war: Lust.

Lassen Sie mich das näher erklären. Es handelt sich nicht allein um das Wort, sondern um die Umstände, unter denen meine schöne Nachbarin es äußerte. Ja, ja, ich weiß, das haben Sie sich jetzt schon gedacht.

Lust auf Englisch steht für Sexuelles, Dunkles, Anzügliches und Gefährliches. Es ist kein schmutziges Wort, aber eines, das Respekt verlangt. Wir haben vielleicht kein Problem, in jedem Satz dreimal das Wort *fucking* zu benutzen, aber *lust* – das geht nun wirklich unter die Gürtellinie.

Nicht so in Deutschland, scheint es. Zwar gibt es im Deutschen noch „lüstern", „Lüstling" und gar „Lustmord", aber diese Wörter haben so viel Einschüchterungspotenzial wie eine Keule aus Vanillepudding.

„Die Lust am Töten hat ihn zum Serienmörder gemacht" schreibt der zum Melodram neigende Krimiautor.

„Oh Baby, ich habe Lust auf dich", sagt die Telefonsexmitarbeiterin zum Kunden, „wie heißt du noch mal?"

Und meine Nachbarin?

Meine Charlotte war noch immer zu Besuch bei ihrer Mutter, und ich begann langsam ihre Abwesenheit zu bemerken, als ich eines Tages in das Treppenhaus trat und sie sah. Ich muss an dieser Stelle eine Lanze für meine schöne Nachbarin brechen. Man meckert hierzulande gerne, dass die Deutschen kinderfeindlich seien und bald aussterben würden. Ich muss aber sagen, es gibt einige junge Deutsche, die ihr Bestes tun, diesem Umstand ein Ende zu bereiten – und dazu gehört meine schöne Nachbarin. Sie hatte schon in jungen Jahren begonnen, Kinder zu bekommen, und war nicht nur eine fröhliche, unbekümmerte Mutter, sondern besaß auch alle Vorzüge einer jungen, hübschen Frau. Und ich meine wirklich: alle.

An diesem Tag wollte ich gerade die Wohnung verlassen und sah sie direkt gegenüber in der Tür stehen – mit diesem sympathischen Lächeln, diesen blitzblauen Augen und dieser engen Jeans, die klarmachte, dass selbst alleinerziehende Mütter in ihrem Leben noch Spaß haben.

Gerade hatte sie sich zu ihrem weinenden Söhnchen gebückt, um ihm irgendwas Kindliches abzuwischen. Und ich muss sagen, sie bückte sich auf eine Art, die die Biegsamkeit ihrer schlanken Form ein für alle Mal bewies, und beim Trösten ihres reizenden Sohnes fragte sie ihn:

„Na, wie wäre es mit Eis? Hast du Lust?"

Ich lief rot an. Ich stammelte irgendwas, flüchtete wortlos wieder in die Wohnung und verließ sie auch nicht mehr. Den ganzen Tag lang konnte ich nur noch an eins denken: Eis. Im Gegensatz zu den Deutschen haben wir noch nicht vergessen, dass *lust* eine Todsünde ist.

Auf Englisch ist *lust* sexuell viel zu aufgeladen, als dass man es so lapidar verwenden könnte, wie man es hier tut. Wer Lust auf Eis hat, benutzt besser *like* oder *feel like*:

> Ich habe Lust auf Eis. = *I feel like some ice cream.*
> Ich habe Lust auf was Neues. = *I'd like to try something new.*

Selbst Luther war von dem deutschen Wort „Lust" offenbar so wenig beeindruckt, dass er ihm nicht die notwendige moralische Autorität zusprach, um in einer Bibelübersetzung (Lutherbibel 1912, Matthäus 5,28) vor Sünde zu warnen. Er sprach stattdessen von Begehren:

> „Ich aber sage euch: Wer ein Weib ansieht, ihrer zu begehren, der hat schon mit ihr die Ehe gebrochen in seinem Herzen."

Wir warnen dagegen vor der Lust (King James Version, Matthew 5,28):

> *„But I tell you that anyone who looks at a woman lustfully has already committed adultery with her in his heart."*

Und wie das immer so ist in der englischen Sprache, ein Wort mit so viel moralischer Bedeutung wird früher oder später selbst für Befürworter zur Zielscheibe des Spotts:

> *„He that but looketh on a plate of ham and eggs to lust after it hath already committed breakfast with it in his heart."* (C.S. Lewis, britischer Hobbytheologe und Autor von „Die Chroniken von Narnia")
> (Wer einen Teller mit Spiegeleiern und Speck auch nur ansieht, seiner zu begehren, der hat schon das Frühstück mit ihm vollzogen in seinem Herzen.)

Die **Muttersprache** hat immer **recht**

Eine der größten Freuden beim Deutschlernen war für mich, neue Einblicke in die Denkweise der hiesigen Landesbewohner zu bekommen. Die Deutschen denken anders als die Engländer und Amerikaner, und das hat eine Menge mit der Sprache zu tun. Bedingt durch die jeweilige Muttersprache lernen Deutsche und Amerikaner schon als Babys eine etwas andere Sichtweise auf das Leben.

Sprachwissenschaftler sind fasziniert davon und machen ständig Experimente wie beispielsweise das folgende: Einige deutsche und spanische Muttersprachler wurden gebeten, eine Brücke, eine Uhr und eine Violine zu beschreiben. Die Deutschen benutzten wiederholt feminine Wörter wie „schlank", „elegant" und „schön", während die Spanier eher männliche Begriffe wie „mächtig", „verlässlich" und „erhaben" verwendeten. Klar:

„Brücke", „Uhr" und „Violine" sind im Deutschen weiblich, im Spanischen jedoch männlich. Der männliche beziehungsweise weibliche Artikel, der dem Wort vorangestellt wird, bestimmt, wie wir über ein Objekt denken.

Da überrascht es niemanden, dass ein Spanier, wenn er deutsch spricht, sich ab und zu Sätze leistet wie: „Der Mann mit dem Violine stand auf dem Brücke und schaute auf den Uhr."

Sprachwissenschaftler nennen dieses Phänomen Interferenz. Man überträgt die Strukturen der Muttersprache auf die Fremdsprache. Auf Deutsch ist es zum Beispiel völlig normal, ein Mädchen als „es" zu bezeichnen. Doch nennen Sie auf Englisch einmal ein Mädchen, ein Kind oder ein Großmütterchen *it* – keiner wird Sie je wieder als normalen Menschen betrachten. Hannibal Lecter, der Serienmörder aus „Das Schweigen der Lämmer", hat über seine Opfer auch immer als *it* gesprochen.

Die Interferenz fiel mir schon als Englischlehrer auf. Egal welchen Hintergrund, Beruf oder welche Bildung meine ausschließlich deutschen Schüler hatten, alle machten sie die gleichen Fehler: Sie sagten *finished* statt *ready*, *so good as* statt *as good as* und *hairs*. Das sind alles typisch deutsche „Interferenz-Fehler", hier funkt einem die Muttersprache dazwischen.

Solche Fehler sind deswegen interessant, weil sie zeigen, wo die Deutschen anders denken als Engländer oder Amerikaner: Sie neigen dazu, den Menschen in der Gruppe nicht genauso zu betrachten wie das Individuum. Sie denken abstrakt, wo ein Angloamerikaner konkret denkt. Sie haben das unerklärliche Bedürfnis, im gleichen Satz nicht nur die Fortbewegungsart, sondern auch gleich das Fortbewegungsmittel zu nennen. Und sie scheinen – zumindest aus unserer Sicht – jedes einzelne Haar auf ihrem Körper mit Namen zu kennen.

Und dann das mit den Tieren. Die Deutschen machen ein großes Aufheben um die Tierrechte, aber tief im Herzen setzen sie das Tier nicht mit dem Menschen gleich. Ganz anders wir Angloamerikaner.

FEED

Fressen ist fertig!

„Ich hab's gleich … es liegt mir auf der Zunge … Moment noch …" Das ist ein typischer Satz für jeden, der eine Fremdsprache spricht. Es kommt immer wieder vor: Irgendwann stößt man auf dieses eine ganz bestimmte Wort, das fehlt. Und man sucht und sucht es wie den Namen zu einem Gesicht, wie den verlegten Schlüssel, wie die entfallene Telefonnummer – und findet es nicht. Man ist sich aber ganz sicher, es zu kennen, gerade neulich hat man es doch noch benutzt ...

Ich habe eine gute Nachricht für alle, denen das ab und zu passiert: Es ist nicht Ihre Schuld! Oft findet man das Wort einfach deshalb nicht, weil es schlichtweg nicht existiert. Das heißt, auf Englisch existiert es nicht. Auf Deutsch schon. Deswegen hat man ja das Gefühl, dass es einem auf der Zunge liegt.

Meine schöne Nachbarin wollte mir neulich den neuesten Schwank aus dem Leben ihrer Katze berichten und stolperte über folgenden Satz: *„I put food in her dish, but it was the wrong kind of food. She didn't want to …"* (Ich gab ihr Futter in den Napf, aber es war das falsche Futter. Sie wollte nicht ...) Sie stockte und suchte nach dem richtigen Wort.

Also half ich ihr: *„Eat. The cat didn't want to eat the food."*

Sie schüttelte energisch den Kopf: *„No, not eat. It's like eat, but it's not eat. It's what a cat does."*

„Du meinst *eat*", wiederholte ich.

„No, no", stritt sie ab, *„People eat. This is another word. I know it. I learned it in school. It's what cats do. Feed?"*

„*Feed* bedeutet nicht fressen", erklärte ich, „sondern füttern. Eine Katze gibt aber keinem anderen Tier zu fressen – außer den eigenen Kätzchen vielleicht. Du meinst *eat*."

„Es ist ähnlich wie *eat*, aber für Tiere!"

„Wie wäre es mit *eat*?", schlug ich vor.

„Nein, nein!", sagte sie frustriert. In dem Moment fiel ihr ein, dass ich ja auch Deutsch konnte, und sie entschloss sich, mich geradeheraus zu fragen: „Was heißt fressen auf Englisch?"

„*Eat*", sagte ich.

Die Pointe der Geschichte habe ich nie erfahren.

Vielleicht übertreiben wir es ein bisschen, aber bei uns englischen Muttersprachlern gibt es bei Tier und Herrchen keine Zweiklassengesellschaft. Zwar sitzen die Tiere bei uns nicht mit am Esstisch, dennoch gestehen wir ihnen sprachlich die gleichen Rechte zu wie uns selbst: Tiere dürfen „essen" – *animals eat*. Sie essen sogar das Gleiche wie wir, nämlich *food*. Das gilt zumindest für unsere Haustiere – unsere *pets*. *Farm animals* essen *feed*. Irgendwo muss man ja die Grenze ziehen.

> *The mistress feeds the cat.* = Das Frauchen füttert die Katze.
> *The cat prefers to eat the mouse.* = Die Katze frisst lieber die Maus.

Und bei jeder Gelegenheit beliebt:

> *The dog ate my homework!* = Der Hund hat meine Hausaufgaben gefressen!

GROW

Pardon, mein Gewächs wächst

Im Englischen haben wir ein reiches Angebot an praktischen Begriffen, das die deutsche Sprache nicht hat und scheinbar auch nicht will. Nehmen Sie zum Beispiel die Cannabispflanze. Sie haben vielleicht keinen Umgang mit solchen Pflanzen, es gibt jedoch genug Leute, die tagtäglich damit zu tun haben – und mein Freund Jochen ist einer davon. Ab und zu stelle ich mir dann die Frage: Was macht er eigentlich damit?

Er „pflanzt" sie. Er „baut" sie „an". Er „zieht" sie. Er „züchtet" sie auf verschiedenste Weise. Schließlich „erntet" er sie. Viele Wörter – und alle beschreiben sie nur einen Aspekt des Umgangs mit Cannabispflanzen. Keines ist darunter, das all diese Tätigkeiten zusammenfasst, den Gesamtprozess von vorn bis hinten beschreibt, geschweige denn irgendeinen beruflichen Hintergrund verrät. Fragt man Jochen, was er wirklich mit diesen ganzen Pflanzen macht, hat er ein Problem. Er kann nur mit Teilantworten dienen:

„Ich baue Cannabispflanzen an" sagt nur, dass er sie anbaut. Vielleicht kommt ja jemand anderes und erntet sie, ein Saisonarbeiter aus Polen, ein arbeitsloser Spargelstecher oder so. Jochen kann nicht mit einem einzigen Wort sagen: „Ich baue sie an, ich pflege und ziehe sie groß, ich ernte sie, verarbeite sie zu illegalen Drogen, verkaufe sie – und dann laufe ich schnell vor den Bullen weg."

Gäbe es einen solchen Begriff, wäre er für Jochen sehr nützlich, aber eben dieser fehlt der deutschen Sprache: *Grow* ist das Wort, das er benötigt. Das Schöne und Ungewöhnliche an *grow* ist, dass es wirklich alles kann. Es kann von alleine „heranwachsen", es kann auch etwas anderes zum Wachsen bringen – es „heranziehen". Wächst eine Cannabispflanze von alleine unschuldig am Wegesrand, heißt es: *The marijuana plant grows.* Baut ein erfinderischer Einzelunternehmer Cannabis an, heißt es ebenso *grows*: *The inventive selfmade man grows marijuana.*

Fragt ein ehrlicher Farmer seinen zwielichtigen Nachbarn, wie es seinen vier Kindern so geht, sagt der zwielichtige Nachbar: *They're growing up so fast!*

Fragt der ehrliche Farmer seinen zwielichtigen Nachbarn, wie er es bloß schafft, mit so wenig Land vier Kinder großzuziehen, zwei Mercedes in der Garage zu haben und dazu jedes Jahr ausgiebig Urlaub in Marokko zu machen, sagt der Nachbar: *I grow marijuana.*

Es gibt wenige Sprüche, die einem Kind verhasster sind als die Weisheit der Mütter, die die Kleidung der älteren für die jüngeren Geschwister recyceln: *You'll grow into it!* (Du wirst hineinwachsen!)

Auch Chefs lieben diese Redewendung. Hineinwachsen kann man nämlich auch in neue Herausforderungen: *It's a challenge, but you'll grow into it* heißt es dann, wenn man beispielsweise bei McDonald's von der Salatbar an die Fritteuse versetzt wurde. Im Hochsommer. Zur Mittagsschicht.

Will man ein Kind darüber hinwegtrösten, dass es noch nicht „erwachsen" *(grown-up)* ist – etwa, weil es bereits alt genug ist, um Papas Auto zu waschen, aber noch nicht, um Papas Auto zu fahren, erklärt man ihm: *You can do that when you're a grown-up.* Und falls das Kind sich mit 30 immer noch weigert, sich wie ein Erwachsener zu benehmen, und stattdessen seine Berufung darin sieht, Marihuana anzubauen, sagt sein bester Freund zu ihm: „Werde erwachsen!" *(Grow up!)* Auch wenn Jochen auf diesem Ohr taub ist ...

WE WERE THREE

Wir sind drei, dürfen aber schon Alkohol trinken

Und woher kommt dieses unerklärliche Phänomen, dass die Deutschen in Gruppen plötzlich so anders sind? Ich spreche nicht von Kegelklubs und Pauschalurlaubern – das verstehe ich ja noch –, sondern davon, dass hierzulande ganz normale Menschen in kleinen Gruppen plötzlich zu Kleinkindern mutieren. Ihnen selbst fällt das nicht weiter auf. Man bemerkt es aber gleich, sobald sie englisch sprechen. Letztens im Treppenhaus erzählte mir meine schöne Nachbarin, wie sie sich am Abend zuvor mit ein paar Freundinnen in einer hippen neuen Bar getroffen hatte.

„Ach, wie nett", sagte ich, sofort ein wenig eifersüchtig, weil ich nichts davon gewusst hatte: „Wer war so alles dabei?"

Da kam es, völlig unerwartet, dieses freie, offenherzige Bekenntnis zum inneren Kleinkind: „*We were three*", gestand sie.

Ich musterte sie von Kopf bis Fuß. Im Moment schien sie wieder erwachsen zu sein. „Wie lange wart ihr drei?", fragte ich besorgt.

„Die ganze Zeit."

„Von dem Moment an, als ihr die Bar betratet, bis ihr sie wieder verlassen habt?"

„Ja, klar. Wieso?"

„Ich muss mir diese Bar mal angucken", sagte ich.

Der englische Satz *We were three* bedeutet „Wir waren drei Jahre alt".

Wer dagegen zum Ausdruck bringen will, wie viele einzelne Personen die Gruppe umfasste, sagt nicht „Wir waren ...", sondern „Es gab ...":

> Wir waren zu dritt. = *There were three of us.*

BY FOOT

Ich fahre zu Fuß

Es gibt schon unsinnige Sätze auf dieser Welt – und einer davon ist: „Ich gehe zu Fuß." Ich kann mir keine Situation vorstellen, in der dieser Satz unbedingt notwendig ist.

„Wie kommst du zu Susis Party?"

„Ich gehe zu Fuß."

Wieso nicht einfach: „Ich gehe"? Es ist doch klar, womit. Oder gehen Sie gelegentlich auf allen vieren? Gehen Sie zu Flügel? Zu Flosse? Es ensteht fast der Eindruck, als ob die Deutschen ihre Fortbewegungsmittel so sehr lieben, dass sie diese immer wieder erwähnen müssen.

„Wie kommst du zur Party?"
„Ich bewege mich fort."
„Ja, aber wie?"
„Ich bewege mich mit dem Auto fort."
„Warum nicht gleich: Ich fahre?"
„Ich wollte dir klarmachen, dass ich ein Auto besitze, Loser."

Diese deutsche Liebe zum Fortbewegungsmittel wird gern ins Englische übertragen: *James came to the party on foot* (oder: *by foot*). *Suzy is coming by car.* Diese Sätze mit *by car* oder *on foot* sind zwar grammatikalisch nicht falsch. Im Gegenteil, Sätze wie

> *the aliens will arrive by spaceship,*
> *the camel is travelling by foot,*
> *two if by sea, one if by land*

sind grammatisch korrekt. Nur, keiner sagt sie.

Englisch ist eine verborientierte Sprache, und in den meisten Fällen sagt das Verb einfach alles, was man wissen muss:

> *I'll walk.* = Ich komme zu Fuß.
> *I'm driving.* = Ich fahre mit dem Auto.

Wer fährt, fährt immer mit dem Auto. Man muss das Wort *car* nicht zusätzlich erwähnen. Allerdings sitzt man dann selbst auch immer hinter dem Lenkrad. Wer das nicht tut, fährt bloß mit: Er „nimmt" das Auto – genauso wie Bus und Zug:

> *I'm taking the train.* = Ich nehme den Zug.

Nicht: Ich fahre mit dem Zug.

Eine Ausnahme zur „Lenkrad-Regel" ist das Fliegen. Niemand *drives* ein Flugzeug, egal, wer hinter dem Steuer sitzt – Piloten wie Passagiere „fliegen" *(fly)*:

> *I am flying to Boston.* = Ich fliege nach Boston.

Dann gibt es auch Fortbewegungsmittel, auf denen man sitzt – anstatt in ihnen zu sitzen. Diese „reitet" man – und zwar alle. *Riding* tut man auf einem Pferd, einem Kamel oder einem Fahrrad – gelegentlich auch auf einem Karussell, einem Delfin oder einem Sexpartner.

Interessant ist das Motorrad. Hier geht beides: *driving* sowie *riding*.

> *I am taking my chopper out for a ride this weekend.*
> *Since when do you know how to drive a motorcycle?*

Allerdings gebe ich zu, dass auch ich nicht weiß, was in welcher Situation richtig ist. Die Fortbewegungsmittel vermehren sich heutzutage schneller als die dazu passenden Verben. Was macht man zum Beispiel in einem *space shuttle*? *Driving? Riding? Taking?*

Im Übrigen gibt es einen berühmten Fall, in dem *by* doch verwendet wird. Hier heißt es jedoch nicht *by foot* oder *by horse*, sondern *by land* und *by sea*.

Jedes amerikanische Schulkind muss das berühmte patriotische Gedicht „Paul Revere's Ride" (1860) von Henry Wadsworth Longfellow auswendig lernen. Die Geschichte spielt am Anfang des Unabhängigkeitskrieges 1775, als klar wurde, dass die Briten in Boston landen und von dort aus ihre Offensive gegen die Rebellen starten würden. Paul Revere sollte durch die Lande reiten und die Rebellen warnen: „Die Briten kommen! Die Briten kommen!"

Allerdings konnte er das erst, nachdem er in Erfahrung gebracht hatte, ob sie über Land oder mit dem Schiff kommen würden. Also wurde ein Signal vereinbart: dass nämlich eine Lampe im Kirchturm der Old North Church in Boston einmal aufleuchten sollte, falls die Briten über Land kämen, und zweimal, wenn sie den Seeweg nähmen: „*One if by land, and two if by sea*", schrieb Longfellow in seinem Gedicht. Sie kamen übrigens über den Seeweg.

By foot geht im Gedicht jedoch niemand, auch nicht *by horse*. Selbst der *cry of alarm*, der ja eigentlich keine Beine hat, ging nicht von Mund zu Mund, nein, der *cry of alarm* ging einfach:

> *„So through the night rode Paul Revere;*
> *And so through the night went his cry of alarm*
> *To every Middlesex village and farm,*
> *A cry of defiance, and not of fear."* [2]

Die Geschichte ist mehr oder weniger wahr, und Reveres Ritt hat den Rebellen einen wichtigen strategischen Vorteil beschert. Nur einige Details hat Longfellow falsch interpretiert: Natürlich hat Revere nicht davor gewarnt, dass „die Briten kommen" – auch er war ja Brite, alle in den damaligen amerikanischen Kolonien waren das. Revere wurde übrigens für seine Heldentat zu Lebzeiten nicht gefeiert und starb so gut wie unbekannt. Erst Longfellows Gedicht machte ihn posthum zum Helden.

READY

Ich bin so fertig

Warum sind die Deutschen nur immer „fertig", Angloamerikaner dagegen stets „bereit"? Als ich mit Charlotte zusammenkam, hatten wir mindestens einmal die Woche folgendes Spielchen am Laufen: Ich hatte damals eine Redaktionsstelle und konnte das Büro erst verlassen, wenn das Blatt „fertig" war. Ausgerechnet an solchen Tagen rief sie mich von ihrer Arbeit aus an und fragte: „Gehen wir heute Abend ins Kino? Wann kommst du nach Hause?"

„Wir sind hier noch lange nicht fertig", entgegnete ich würdevoll auf Deutsch.

Was dann folgte, ist weniger wichtig, aber am Ende des Telefonats hatten wir beide den Eindruck, dass ich ein Versager war.

Wenn ich dann doch fast rechtzeitig nach Hause kam und gerade genug Zeit blieb, ins Kino zu gehen, war Charlotte noch im Bad. Jetzt fühlte sie sich wie eine Versagerin, während ich immer wieder an die Tür zum Bad hämmerte – bis sie rausstürmte, Mantel und Tasche ergriff und schrie: „*I'm finished! Let's go!*"

Auf Deutsch kann „fertig" einerseits eine abgeschlossene Aufgabe bezeichnen – wenn die Zeitung „fertig" ist, ist die Arbeit erledigt –, andererseits kann „fertig" auch bedeuten, dass ein Vorhaben endlich losgehen kann: Erst wenn eine Frau „fertig" ist, kann der Abend beginnen.

Auf Englisch ist es anders: *Finished* bezeichnet nur eine Situation, die abgeschlossen ist, und sonst gar nichts. Man ist nie „fertig zum Gehen", sondern ganz einfach „bereit": *ready*. So wie *finished* in die Vergangenheit weist, deutet *ready* in die Zukunft:

> *Dinner is ready.* = Essen ist fertig.
> *Dinner is finished.* = Abendessen ist vorbei.
> *Tell the taxi to wait – I'm not ready.* = Lass das Taxi warten, ich bin noch nicht fertig.
> *She's getting ready – it can't take more than an hour.* = Sie macht sich gerade fertig. Es kann nicht länger als eine Stunde dauern.
> *I'm ready for action!* = Bin klar zum Gefecht!
> *Ready, set, go!* = Auf die Plätze, fertig, los!

HAIR

Ich habe Hunderttausende und liebe jedes einzelne von ihnen

Und dann diese Haare! So viele von ihnen und jedes einzelne so geliebt! Wenn ich einen Deutschen davon reden höre, dass er was mit seinen Haaren tun will, bin ich überwältigt von dem schieren Ausmaß des Projekts.

Ab und zu kommt Jochen an und sagt: „Ich muss was mit meinen Haaren machen. Schau mal, wie lang sie schon sind. Was hältst du von Zöpfen?"

Erstaunt und überwältigt versuche ich, ihm das auszureden: „Zöpfe? Deine Haare in Zöpfen? Jochen, weißt du überhaupt, wie viele Haare du hast? Das kann Jahre dauern! Und du bist nicht gerade für deine Ausdauer bekannt. Fang doch lieber klein an – mit drei Haaren oder maximal sechs. Du kannst dich immer noch steigern."

Der menschliche Kopf hat durchschnittlich hunderttausend Haare, heißt es, und Jochen wollte offenbar jedes einzelne davon in einen Zopf flechten. Wahrscheinlich in einen Zopf aus drei Haaren. Sonst hätte er wohl nicht jedes einzeln erwähnt: „Ich will was mit meinen Haaren tun."

Wir in der angloamerikanischen Welt haben es leichter: Wir betrachten unsere Haare nicht einzeln, sondern als Masse. Die Deutschen haben „Haare", wir haben „Haar": niemals *hairs*, immer *hair*. Ein einziges Ding ist viel leichter zu waschen, färben oder sonstwie zu pflegen als hunderttausend einzelne Dinge. Oder hieß das berühmte Musical etwa „Hairs"? Nur eine Ausnahme gibt es: die *short hairs*. *To get someone by the short hairs* (jemanden an den kurzen Haaren ziehen) bedeutet, jemanden am Wickel zu haben.

Wo genau diese kurzen Haare zu finden sind, ist ein Thema, das unter Lexikografen heiß umstritten ist. Heutzutage, wo wir nicht mehr so etepetete sind, meint man mit *short hairs* die kurzen Haare, die nicht oberhalb der Gürtellinie wachsen – also die *pubic hairs*. Die Briten machen es mit ihrer modernen Variante noch klarer: Bei ihnen heißen sie *the short and curlies* (die kurzen und gekringelten).

Doch einige glauben, es sei nicht immer so gewesen. Möglicherweise dachte man ursprünglich an die kurzen Haare im

Nacken, an denen die große Schwester einen zog, wenn man ihr Shampoo geklaut hatte. Als Rudyard Kipling 1890 in „The Drums of the Fore and Aft" einen Kampf zwischen Briten und Indern folgendermaßen beschrieb:

> *„They'll shout and carry on like this for five minutes. Then they'll rush in, and then we've got 'em by the short hairs!"* [3]
>
> (Sie werden fünf Minuten lang schreien und Panik schieben. Dann werden sie angreifen – und dann haben wir sie bei den kurzen Haaren!),

meinte er angeblich die Härchen hinten im Nacken. Allerdings schrieb Kipling über Soldaten, und ich bin nicht wirklich überzeugt, dass Soldaten sich viele Gedanken über Nackenhaare machen. Vor allem, da sie meist einen spiegelglatt geschorenen Nacken haben.

Nicht nur die kurzen Haare, an denen man ziehen kann, machen uns Angloamerikanern zu schaffen, sondern auch Hundehaare.

Hat man am Abend zuvor etwas zu viel gebechert, glaubt manch einer an die alte Volksweisheit, dass man den darauffolgenden Kater wegbekommt, indem man ein weiteres Bier nachschüttet. Jenes angeblich heilende Bier am nächsten Morgen nennt man *the hair of the dog* – und der ganze Spruch lautet so:

> *I need a hair of the dog that bit me.* = Ich brauche nur ein Haar des Hundes, der mich gebissen hat.

Seit ich Jochen diesen Spruch beigebracht habe, erscheint er an manchen Abenden unverhofft an meiner Wohnungstür mit einem Sixpack in der Hand und folgenden Worten: „Na? Gehen wir vor die Hunde?"

LIKE

Wie eine Jungfrau

Ich weiß nicht, wer in der dunklen Vergangenheit die völlig willkürliche Entscheidung getroffen hat, dass man auf Deutsch „so rot wie ein Apfel", auf Englisch jedoch „als rot als ein Apfel" sagt. Wer auch immer es war, er hat ein für alle Mal den Samen der Zwietracht zwischen der deutsch- und der englischsprachigen Welt gesät. Es gibt wenige Wörtchen, die nerviger sind als die folgenden drei: „wie", „als", „dann" beziehungsweise *like, as, than*. Zahllose andere Wörter werden ebenso oft falsch verwendet wie diese – bei den meisten ist es jedoch völlig egal. Wenn man *at the table* sagt, aber *on the table* meint, wen kümmert's? Jeder weiß, was gemeint ist, das reicht. Nicht so bei *like, as, than*. Aus irgendeinem nicht nachvollziehbaren Grund ist ein Satz wie

> *I can speak English so good like Lisa, but worse like Harry and better as Freddy.* = Ich kann Deutsch als gut wie Lisa, aber schlechter wie Harry und besser denn Freddy

so nervig, dass man ihn einfach nicht verstehen will.

Dabei gibt es eigentlich keinen vernünftigen Grund, warum man auf Englisch partout *as good as* sagen muss und nicht *so good as*. Man könnte per Gesetz eine Sprachreform durchführen und alle drei Wörter durch einen einzigen Grunzlaut ersetzen – spätestens nach einer Generation würde kein Mensch mehr wissen, dass es dafür mal drei verschiedene Begriffe gab:

> *I can speak English very good urg Lisa, but worse urg Harry and better urg Freddy.*

Doch die Gelegenheit dafür wurde in finsterer Vorzeit verpasst – heute ist nichts mehr dagegen zu machen. Wer sich auf Englisch verständigen will, muss diese kleinen Nervensägen richtig einsetzen können.

Da hilft es ein wenig, wenn man ein paar Sprüche parat hat, in denen diese Wörter richtig angewendet werden, zum Beispiel: „Eine Frau ohne Mann ist wie ein Fisch ohne Fahrrad."

Diesem Spruch begegnete ich zum ersten Mal mit Jochen auf einer Singleparty in einem riesigen Zelt in Berlin. So hieß nämlich das Motto der Party: „Fisch ohne Fahrrad". Als nach einiger Zeit klar wurde, dass Jochen auch nach diesem Abend, in den er so viel Hoffnung gesetzt hatte, weiterhin Single bleiben würde, fragte ich ihn, woher das Motto eigentlich kommt. „Das war mal so ein alter Spruch – ein Single ist wie ein Fisch ohne Fahrrad", meinte er ohne einen Hauch von Selbstzweifel und übersetzte ihn mir gleich ins Englische: *„A single is like a fish without a bicycle."*

Es war ein völlig sinnloser Satz, aber das Englisch war richtig: Wenn man zwei Dinge direkt miteinander vergleichen will, zum Beispiel ein Fisch und ein Fahrrad, setzt man im Deutschen ein „wie" dazwischen und im Englischen ein *like*. Sie kennen solche Vergleiche aus unzähligen Popliedern:

> „Like a Virgin" – der Klassiker von Madonna
> „Hungry like the Wolf" von Duran Duran
> „Just like a Woman" und „Like a Rolling Stone" von Bob Dylan

Später entdeckte ich den Spruch noch einmal, diesmal auf Englisch – und zwar in einem Song von U2. Dort hatte er überhaupt nichts mehr mit Singles zu tun: *„A woman needs a man like a fish needs a bicycle."* (Eine Frau braucht einen Mann wie ein Fisch ein Fahrrad.)

Das machte mich neugierig. Jetzt wollte ich doch wissen, woher der Satz wirklich kam und was er bedeutete. Weitere Nachforschungen brachten mich auf Gloria Steinem – die Alice Schwarzer Amerikas. Sie verbreitete den Spruch in den Reihen der Frauenbewegung, wo er sich schnell zu einer Art Kampfansage an den Mann wandelte. Erst später gestand sie, dass er gar nicht von ihr selbst stamme. Diese Ehre gebührt einer australischen Mitstreiterin in Sachen Frauenbewegung, Irina Dunn, die 1970 an der Universität von Sydney das Buch eines Philosophen las, das weder mit Singles noch mit Frauen zu tun hatte und in dem stand: „*A man needs God like a fish needs a bicycle.*"

Mir nichts, dir nichts nahm sie den Spruch, ersetzte *a man* durch *a woman* und *God* durch *a man* und kritzelte ihn auf die Toilettentür von Soren's Wine Bar in Woolloomooloo. Von dort aus trat der Spruch seinen Siegeszug um die Welt an – und das lange vor dem Internet. Das macht doch neugierig, oder? Was wohl sonst noch für Sprüche auf den Toilettentüren von Soren's Wine Bar in Woolloomooloo stehen?

THAN

Besser denn je

Es gibt kaum einen schöneren Satz mit *than* als: *Faster than a speeding bullet.*

1932 verfassten Jerry Siegel und Joe Shuster eine Kurzgeschichte über einen telepathisch begabten Bösewicht mit dem Titel „The Reign of the Superman" (Die Herrschaft des Übermenschen). Niemand wollte den Schund drucken. Die beiden mussten einsehen, dass Amerika Bösewichte zwar liebt, aber Helden noch viel mehr. Also machten sie aus dem bösen Übermenschen ganz schnell den heldenhaften Übermenschen „Superman". Immer noch wollte kein Mensch das Zeug drucken. Seufzend setzten sie sich wieder dran. Bald wurde aus einem stinknormalen Übermenschen ein Übermensch aus dem Weltall, der, um sein Übermenschentum zu betonen, auch noch Umhang und Strumpfhose trug. Das Interesse hielt sich weiterhin arg in Grenzen. Deshalb feilten Siegel und Shuster weiter, bis sie Superman endlich in die Form brachten, die wir heute kennen.

1938 kaufte ihnen der Verlag National Periodicals endlich die Geschichte ab – die dann in der Reihe „Action Comics" einen weltweiten Erfolg feierte.

Siegel und Shuster hatten den Ur-Superhelden erschaffen. Was sie nicht wussten: Es fehlte noch etwas, woran niemand gedacht hatte – der passende Spruch. Denn zwei Jahre später war Superman dermaßen populär, dass er ins Radio musste und bald darauf ins Fernsehen. Dafür braucht man Sätze, die so eingängig klingen, dass jeder sie wiederholen kann. Also dichtete der Radioproduzent Jay Morton einen Ansagetext, den jedes Kind heute noch auswendig kann – selbst wenn es nie die alten Radioshows gehört hat:

> *„Look! Up in the sky!*
> *It's a bird. It's a plane. It's Superman!*
> *Faster than a speeding bullet.*
> *More powerful than a locomotive.*
> *Able to leap tall buildings in a single bound."*[4]

(Guck mal! Da oben am Himmel! Es ist ein Vogel! Es ist ein Flugzeug! Nein, es ist Superman! Schneller als eine rasende Gewehrkugel. Stärker als eine Lokomotive. Fähig, mit einem einzigen Satz über hohe Gebäude zu springen.)

Faster than a speeding bullet. Schneller noch als eine rasende Gewehrkugel! Also, wenn das nicht schnell ist!

Oft denken die Deutschen bei „als" an *as* und sagen: *Faster as a speeding bullet.* Das Wort klingt zwar ähnlich, doch *as* bedeutet nicht „als". Wenn etwas „schneller", „größer" oder „besser" ist als etwas anderes, dann sagen wir: *faster, bigger* oder *better than* ... Und in einer Gesellschaft wie der heutigen, wo alles schneller, größer und besser sein muss, ist *than* ein sehr wichtiges Wort:

„Whiter than white, cleaner than clean" begann seine Karriere vor langer Zeit als Werbespruch für ein Waschmittel und wird

heute noch für Zähne, Zahncremes und in England für die vermeintliche (aber wir wissen's besser) Unbestechlichkeit eines Politikers benutzt.

Worse off than before – ist ein manchmal ironischer, immer aber trauriger Spruch, den man sagt, nachdem man eine tolle Idee ausprobiert hat, das Ergebnis aber leider schlimmer ausgefallen ist als erwartet: Jetzt sind wir schlechter dran als vorher.

Holier-than-thou (heiliger als du) – beschreibt einen Gutmenschen, der seine moralische Überlegenheit gern bei jeder Gelegenheit zur Schau stellt: *I hate his holier-than-thou attitude.* (Ich hasse sein Gutmenschen-Gehabe.)

FTL – *Faster than light* beziehungsweise *Faster than the speed of light* – ist der Traum vieler Wissenschaftler und noch mehr Science-Fiction-Autoren: Endlich mal schneller als Licht durch den Weltraum fliegen zu können. Dagegen nehmen sich Siegel und Shuster mit *Faster than a speeding bullet* geradezu bescheiden aus.

AS

So gut wie gut

> *I'm dancing as fast as I can.*
> (Ich tanze so schnell ich kann.)

Das ist einer dieser Sprüche, die alle bei uns kennen, aber von denen keiner weiß, woher sie stammen. Es ist der sehr schöne Titel eines zu Recht vergessenen Films von 1982 mit Jill Clayburgh über Medikamentensucht und die unmenschlichen Anforderungen unserer modernen Leistungsgesellschaft. Er war … wie soll ich sagen? Ein wenig melodramatisch. Aber der Titel war wunderbar. Was er wirklich aussagen soll, weiß kein Mensch, aber er klingt so verdammt gut, dass die Liste der Nachahmer seither einfach nicht abreißt:

„I'm Grieving as Fast as I Can" – ein vergessenes Buch über Trauern *(grieving)* von Linda Feinberg

„I'm Hosting as Fast as I Can!" – die Erinnerungen eines vergessenen TV-Talkmasters *(show host)* namens Tom Bergeron

„I'm Kissing as Fast as I Can" – ein vergessener Jugendroman von Merrill Joan Gerber

„I'm Inventing Titles as Fast as I Can" – der Titel meines Buches über die Kunst, Buchtitel zu erfinden *(inventing)*, das ich bisher immer wieder vergessen habe zu schreiben

Sie haben nun die Wörter *as fast as* sechs Mal gelesen, und Ihnen ist sicherlich aufgefallen, dass das Wörtchen *as* immer paarweise auftritt – einmal vor und einmal nach *fast*. Und ebenso werden Sie sicher bemerkt haben, dass das Wörtchen *so* überhaupt nicht vorkam. Bei Vergleichen gebrauchen wir dieses Wort einfach nicht, im Gegensatz zu den Deutschen. Also, wenn Sie das nächste Mal *so fast as* sagen wollen, halten Sie ein und probieren es lieber mit *as fast as*. Im amerikanischen Alltag gibt es dafür zahlreiche Gelegenheiten. Dieses Doppel-*as* lieben wir einfach! Wir sind unermüdlich darin, Sprüche damit zu erfinden:

as strong as an ox
as high as a kite
as stubborn as a mule
as busy as a bee

Ich muss Sie aber warnen, nicht alle Sprüche sind so klar verständlich wie diese. Englisch ist voller Doppel-*as*-Sprüche, die völlig sinnlos erscheinen. Deswegen lieben wir sie umso mehr:

as dead as a doornail = so tot wie ein Türnagel

Bedeutet wohl „toter geht's gar nicht", was ebenfalls keinen Sinn ergibt. Ursprünglich meinte man damit einen Nagel – der Spruch stammt aus der Zimmermannssprache –, den man auf der Rückseite eines Brettes umknickt und festhämmert, damit er vorne nicht wieder rausfällt. Erst dann ist der Nagel richtig *dead*.

as mad as a hatter = so verrückt wie ein Hutmacher

In alten Tagen benutzten Hutmacher Quecksilber als Werkstoff. Quecksilbervergiftung war unter Hutmachern ein verbreitetes Berufsrisiko und führte dazu, dass sie nervös zitterten und auch sonst recht *crazy* erschienen. Dieser Spruch inspirierte Lewis Carroll dazu, in seinen Klassiker „Alice in Wonderland" einen *Mad Hatter* als Figur einzuarbeiten.

as drunk as a skunk = so besoffen wie ein Stinktier

Ich habe geforscht und geforscht und dennoch nicht herausfinden können, wie besoffen Stinktiere im Durchschnitt werden. Eine abwegige Theorie besagt, dass man die Tierchen in grauer Vorzeit mit Schnaps einfing, vorzugsweise Tequila. Ich halte diese Erklärung für logisch, denn *skunks* kommen unter anderem aus Südamerika, wo alle Tequila lieben. Allerdings bin ich wohl der Einzige, der diese Theorie für logisch hält.

Schon seit Chaucer hat man Besoffene mit diversen Lebewesen verglichen – und selten waren diese Redewendungen halb so logisch wie der *skunk*-Spruch:

> *as drunk as a boiled owl* (gekochte Eule)
> *as drunk as David's sow* (König Davids Sau)
> *as drunk as a fiddler* (Fiedler)
> *as drunk as a drowned mouse* (ertrunkene Maus)
> *as drunk as a lord* (Fürst)

Zu Letzterem gibt es einen putzigen Witz:

Angeklagter: „*I was as drunk as a judge when I committed the offense.*"

Richter: „*The correct expression is ‚sober as a judge'. Don't you mean ‚as drunk as a lord'?*"

Angeklagter: „*Yes, my lord.*"

> *as cool as a cucumber* = lässig wie eine Gurke

Kann sein, dass Sie Gurken nicht unbedingt cool finden – Sie stehen mit ihrer Meinung aber alleine da. Millionen von Angloamerikanern halten Gurken für cool und das seit dem 18. Jahrhundert, als der Poet John Gay den Wunsch äußerte, einmal nur den Ladys gegenüberzutreten und dabei *as cool as a cucumber* bleiben zu können. Dieser Spruch hat Wissenschaftlern so lange so viele Rätsel aufgegeben, dass man ihm irgendwann nachging. Inzwischen hat die Forschung bestätigt, was die alten Poeten instinktiv wussten: nämlich dass die Gurke auf dem Feld sehr viel Wasser enthält und deshalb innen bis zu sechs Grad kühler sein kann als die sie umgebende Luft.

> *as much fun as a barrel of monkeys* = so viel Spaß wie ein Fass voller Äffchen

Dass Äffchen lustig sind, steht außer Frage. Selbst heute, wo es dank Youtube zahlreiche tierische Alternativen gibt, greift man bedenkenlos auf Äffchen zurück, wenn man Witze machen will: So wurden die Franzosen 1995 in „The Simpsons" als *cheese-eating surrender monkeys* beschimpft (weil sie gegen die Nazis im Zweiten Weltkrieg kaum Widerstand geleistet haben und außerdem noch gerne Käse essen). Schon 1840 fand man einen *cage of monkeys* einfach zum Totlachen, später auch *a box, bushel, bag, wagon-load* oder *barrowload of monkeys.*

Barrel of monkeys ist heutzutage oft auch ironisch gemeint. Ist eine Party nicht ganz so lustig, sagt man gern: *It was a real barrel of monkeys.* In diesem Sinne formulierte Gore Vidal 1978 die einzige Kritik am Christentum, die unverändert relevant bleibt: *„Christianity was never exactly a barrel of monkeys."*

Eine der bekanntesten Redewendungen, die das Doppel-*as* nutzen, ist die Abkürzung *ASAP*. Sie steht für *as soon as possible* – „so schnell wie möglich" – und wird oft *eh-es-eh-pi* ausgesprochen. Manchmal machen wir sogar aus der Abkürzung ein Wort, so sehr lieben wir es: *Eh-Sap*.

ASAP hat schon große Kunst inspiriert. Das sehr avantgardistische Musikstück von John Cage aus dem Jahre 1985 „As Slow as Possible" (So langsam wie möglich) ist eine Abwandlung von *ASAP*. Bei diesem Stück ist der Titel Programm: Es soll so langsam wie möglich gespielt werden. Manchmal dauert eine Note 20 Minuten an – wer allerdings echten künstlerischen Ehrgeiz zeigen will, lässt seinen Finger so lange auf den einzelnen Tasten liegen, bis er es nicht mehr aushält. So kam Diane Luchese 2009 in der Towson University in Maryland auf eine Spieldauer von 14 Stunden. Das ist aber nichts gegen die kulturbeflissenen Deutschen. In der Sankt-Burchardi-Kirche in Halberstadt fing man 2001 an, das Stück zu spielen – und spielt es immer noch. Es wird erst 2640 zu Ende sein. Keine Sorge, der Organist ist nicht die ganze Zeit anwesend: Die Tasten werden so lange irgendwie festgeklemmt, mit einem Ziegelstein vermutlich. Man kann der Sankt-Burchardi-Aufführung übrigens live online lauschen. Wie sie sich anhört? Etwa so, wie man sich das vorstellt, wenn ein Ziegelstein ewig auf einer einzelnen Taste liegt.

Wer auf **Englisch** speisen will, muss auf **Französisch** ordern

Stellt man sich hierzulande amerikanische Spezialitäten vor, denkt man meist an Hamburger. Die himmlischen Delikatessen *cornbread, li hing mui, jambalaya, hot pastrami sandwich* und *pumpkin pie* – all das kennt man hier nicht. Das macht nichts, denn wir Amis halten umgekehrt auch nicht viel von deutschem Essen: Für uns hört sich das alles an wie „Sss-haoerkraout". Subtile Genüsse wie die Uckermärker Leberwurst, den Rheinischen Sauerbraten, Kartoffelpuffer mit Apfelmus und die Streuselpuddingschnecke wird der durchschnittliche Amerikaner nie erleben.

Vielleicht hat das mit dem geheimen Gourmet-Monopol der Franzosen zu tun. Alles, was mit gutem Essen zu tun hat, stammt für uns aus Frankreich, höchstens noch aus Italien oder Spanien. Nicht nur das Essen, auch die Bezeichnungen dafür.

Das erklärt einige Missverständnisse. Das Wort „Menü" zum Beispiel ist von Frankreich sowohl nach Deutschland als auch nach Amerika ausgewandert und bedeutet in beiden Ländern heute jeweils etwas völlig anderes. Diese einseitige, nie erwiderte, ja wahrscheinlich nicht einmal bemerkte Liebe der englischsprachigen Welt zur französischen Küche bleibt nicht ohne Folgen – selbst für die Deutschen nicht.

KITCHEN

Kellner, da ist ein Koch in meiner Suppe!

Mein alter Freund Jochen hatte sehr schlechte Laune, nachdem er von seinem China-Aufenthalt zurückgekehrt war, wo er in einem Anflug von Karrierebewusstsein fast ein halbes Jahr für ein internationales Unternehmen gearbeitet hatte – bis er in Schimpf und Schande von seinem Schreibtisch verjagt wurde. Das störte ihn allerdings nicht weiter. Ihn störte, was er dort zu Essen bekommen hatte. Bevor er nach China gegangen war, hatte er chinesisches Essen nämlich gemocht. Jetzt nicht mehr.

 „*The Chinese kitchen is terrible*", schimpfte er. „*It's nasty, it's fatty, it's full of terrible animals.* Schweineohren, Schweinekopf, Schweinemagen. *Have you ever eaten shark fin? It's like a mixture of foam and sponge. The Chinese kitchen is greasy,* schleimig, glitschig, glibberig, eine schreckliche, klebrige Masse. *If I never have to have Chinese kitchen again, I'll be happy. Don't talk to me about Chinese kitchen.*"

Während seines Lamentos stellte ich mir die chinesische Küche bildlich vor: Man geht durch die Tür und rutscht ständig aus, weil Fußboden, Wände und Decke voller Fett sind – Theken, Schränke sowie Öfen sind mit einer dicken Schaumschicht bedeckt und es regnet Schweineohren.

„Du bist doch selber schuld", konnte ich da nur sagen, „in einem chinesischen Restaurant geht doch kein Mensch in die Küche. Man bleibt am Tisch sitzen und isst, was der Kellner bringt. Warum musst du immer so neugierig sein?"

„Idiot!", fluchte er. „Ich spreche nicht von der ‚Küche', sondern ‚DER Küche'! Wie kann man nur so blöd sein?"

Ich hatte ihn tatsächlich falsch verstanden. Auf Englisch unterscheiden wir nämlich zwischen dem Raum, in dem gekocht wird, und einer bestimmten Art zu kochen. Damit diese beiden Dinge nicht durcheinandergeraten, greifen wir auf das französische Wort „cuisine" zurück:

> *kitchen* = ein Raum mit vielen Geräten wie Kühlschrank, Herd und Backofen
> *cuisine* = eine bestimmte Art, Essen zuzubereiten: *Italian cuisine* benutzt zum Beispiel viel Knoblauch, *French cuisine* viel Rotwein und *Chinese cuisine* viel Glibberzeugs

Wenn ich das recht bedenke, kommt die Mehrzahl der englischen Begriffe, die mit Essen zu tun haben, aus Frankreich:

> Abendessen = *dinner*
> Gaststätte mit Grill = *diner*
> dinieren = *to dine* (*dine* ist deutlich gehobener als *to eat* oder *to have dinner* – es ist sogar ein wenig versnobt)
> Alle drei Begriffe *dinner*, *diner* und *dine* stammen vom französischen Wort „diner".
> Kalbsfleisch = *veal* (von „veau")
> Rindfleisch = *beef* (von „bœuf")
> Schnecke = *escargot* (von „escargot")
> *Escargot* isst man; das lebende Tierchen heißt *snail* (mit Haus) und *slug* (ohne Haus). Die Köche, die in London und New York irgendwann *escargot* auf die Karte setzten, wussten ganz genau, was sie taten: Hätten sie *snails* angeboten, hätten sie kein einziges von den ekligen Glibbertierchen verkauft.

Essig = *vinegar* (von „vinaigre")
Senf = *mustard* (von „moutarde")
Und viele mehr ...

Doch nur, weil wir immer nach Frankreich schielen, wenn es ums Essen geht, heißt das noch lange nicht, dass wir jedes dahergelaufene französische Wort nachplappern – bloß weil es französisch ist. Es gibt auch einige, die wir nie übernehmen würden: „pamplemousse" beispielsweise. Was ist das bitte schön für ein Wort? Das hört sich ja an wie eine Maus, die pampelt. Da ziehen wir *grapefruit* vor – „Traubenfrucht" ist doch viel logischer, oder etwa nicht?

„Champignons" – da war doch dieses Lied: *„We are the Champignons, my friend!"* Nein, wir bleiben lieber bei *mushrooms* – „Matschräume".

„Pommes frites" – dieser Begriff würde uns nur verwirren: Ist das Einzahl oder Mehrzahl? Wenn zwei „Pommes frites" zwei Cent kosten, was kostet ein „Pomm frit"? Nein, besser ist, wir behaupten einfach, das Zeug komme aus Frankreich, dann glaubt jeder, es sei exotisch und neumodisch und kauft es: *French fries*.

FULL

Ich bin so voll

Damals, als Charlotte und ich meine Eltern in Hawaii besuchten, bemerkte ich eine seltsame neue Gewohnheit an ihr, die ich ihr gleich auszutreiben versuchte. Als sie mit dem Essen fertig war, gab sie bekannt: *„That was good. I'm happy."*

Natürlich korrigierte ich sie höflich: „Es heißt *full*. *I'm full.*"

Charlotte zuckte nur mit den Schultern, und ein paar Tage später hieß es dann: *„I'm finished."*

„So sagen wir das nicht", informierte ich sie abermals höflich, „wir sagen *full*, wenn wir satt sind."

Sie zuckte ebenso höflich mit den Schultern. Das ging immer weiter so – komisch, wie oft ein Mensch sich klaglos korrigieren lässt, ohne darauf zu reagieren –, bis ich sie eines Tages zur Rede stellte: „Warum", wollte ich wissen, „weigerst du dich bloß, *full* zu sagen?"

„*Full* ist so prollig", klagte sie. „Was für ein fürchterliches Wort! *I'm full!* Ich bin voll! Ich bin abgefüllt! Geht in Deckung, ich platze gleich! Das hört sich doch eklig an."

Ich versicherte ihr, dass das Wort *full* auf Englisch ganz normal und keineswegs eklig klinge. Im Gegenteil, wir benutzen das Wort *full* nicht einmal dann, wenn wir betrunken sind:

> Mann, ich hab so viel getrunken – was war ich voll. = *Man, I drank so much, I was wasted.*

Charlotte nickte freundlich und versicherte mir, dass sie alles verstanden habe. Wir übten es sogar ein paarmal zusammen: *I'm full. I'm full. I'm full.*

Und das nächste Mal, als wir bei meinen Eltern zu Abend aßen, sagte sie: „*That was delicious. My inner organs are working at maximum capacity and may soon cease to function. Is there any dessert?*"

SALAD

Ich sehe keinen Salat in diesem Salat

In meiner ersten Zeit in Deutschland wagte ich hin und wieder den Versuch, einen Salat zu mir zu nehmen – beflügelt von einer seltsamen Anwandlung, mich gesund zu ernähren. Was aber dann kam, wenn ich mich überwand und im Restaurant einen sogenannten Salat bestellte, war nicht das, was ich erwartet hatte. Das war ein Schüsselchen mit Gurkenschnipseln oder Tomatenscheiben in Essig.

„Gibt's dazu auch Salat?", fragte ich.

„Was? Er steht direkt vor Ihnen", war dann die Antwort.

Verwirrt griff ich zum Wörterbuch und stellte fest, dass der deutschen Sprache bedauerlicherweise ein sehr wichtiges Wort fehlt. In Deutschland bedeutet das Wort „Salat" nämlich zweierlei: Entweder irgendwelche geschnipselte Rohkost mit Soße oder grünes Blattzeugs. Bestellt man einen Salat, bleibt es der Willkür des Wirtes überlassen, was man bekommt. Hat er in der Küche zufällig nur Schnitzel, schnipselt er dieses klein, kippt Jägersoße drüber und sagt: „Bitte schön, Schnitzelsalat."

Ich als Amerikaner stelle mir einen Salat aber anders vor! Das ist eine Schüssel voller grüner Blätter – möglicherweise noch mit ein wenig anderem bunten Zeugs dekoriert. Aber grüne Blätter enthält es auf jeden Fall. Will man hierzulande einen Salat mit grünem Blattzeugs essen, muss man Folgendes bestellen: „Einen Salat mit grünem Salat, bitte."

Um dieser Verwirrung vorzubeugen, haben wir im Englischen dafür zwei Begriffe:

> *salad* = ein Gericht mit grünem Blattzeugs, unter Umständen mit anderer geschnipselter Rohkost
>
> *lettuce* = Salatkopf oder grüne Salatblätter, die noch nicht geschnipselt wurden

Wenn Sie also zu einer Dinnerparty eingeladen wurden und versprochen haben: *I'll bring the salad*, dann reicht es nicht, wenn Sie mit zwei Salatköpfen anrücken. Sie müssen schon irgendwas Leckeres daraus gezaubert haben.

Lettuce kommt von dem französischen „laitue", und *salad* lässt sich bis zum Lateinischen zurückverfolgen. Der feine Unterschied zwischen *lettuce* und *salad* wird in einem berühmten Werbefilm für die Biermarke Bud Light deutlich.

Die Werbung gibt vor, ein musikalisches Tribut an große, männliche Erfinder zu sein: Aufrichtig wirkende, langhaarige Rocksänger singen ein Loblied auf den unbekannten Mann, der den *taco salad* erfunden hat. Ein *taco salad* hat wenig Ähnlichkeit mit einem herkömmlichen Salat, dafür auffallend viel mit einem ganz gewöhnlichen Taco: In einer essbaren Schale aus frittierter Tortilla findet man Fleisch, Bohnen und Käse und, wenn's hochkommt, vielleicht ein wenig Mais. Es ist weniger ein Salat, als eine Gelegenheit, einen Taco zu verspeisen und sich dabei einzubilden, man ernähre sich gesund. Und sollte die Tatsache, dass es *salad* heißt, nicht Beweis genug dafür sein, gibt es noch einen weiteren: Man isst ihn mit einer Gabel.

Das Schöne am Werbespot ist der Refrain. Während der vollmähnige Rocker dieses unbekannte Erfinder-Genie in den höchsten Tönen preist, singt ein Chor aus schlanken Frauen anmutig zwischendurch: „Ich sehe keinen *lettuce*!"

INVITE

Du bist eingeladen – zu zahlen

Jochen und ich lernten uns als Studenten in München kennen. Beide hatten wir eine Vorliebe für Biergärten. Und Bier. Das war unser Verhängnis. Denn als Student war ich öfters knapp bei Kasse. Meist führte kein Weg daran vorbei: Ich musste abends einen Bogen um die Kneipe machen, nach Hause gehen und mir dann doch noch einen leckeren „Weißen Hai" genehmigen – einen eisgekühlten Cocktail eigener Erfindung, der nur aus Wasser und Eiswürfeln bestand.

Das war schon ärgerlich genug. Noch ärgerlicher war es, dass Jochen mich ausgerechnet an solchen Abenden gern mal auf ein Bier einlud, nett und verständnisvoll, wie er war.

„Come on, I invite you!"

„Ich muss wirklich nach Hause", wich ich aus, „ein andermal."

Wie oft mir das in meinen bargeldlosen Zeiten passiert ist, weiß ich nicht mehr genau, aber ich ärgere mich jedes Mal wieder, wenn ich heute daran denke. Erst viel später lernte ich nämlich, was „einladen" auf Deutsch bedeutet: Der gute Mann war bereit zu zahlen!

Das englische Wort für „einladen" lautet zwar ebenfalls *invite* – aber bei uns heißt es noch lange nicht, dass derjenige, der die Einladung ausspricht, auch zahlen muss.

Wenn es um eine *invitation* zum *dinner at my place* oder eine *party* oder womöglich gar um einen *reception* (Empfang) geht, dann versteht es sich wohl von selbst, dass man dort einen Happen umsonst bekommt. Handelt es sich aber um eine *invitation* ins Kino, ins Theater oder in die Kneipe um die Ecke, bedeutet es bloß: Komm doch mit.

Wer auf Englisch klarmachen will, dass er auch noch die Rechnung übernimmt, fügt eine weitere Information hinzu:

My treat. = Es geht auf meine Rechnung.

Merken Sie sich dieses Wort *treat*: Damit kann man einen armen amerikanischen Studenten sehr glücklich machen.

Es war eine der größten Freuden meiner Studentenzeit, als ich endlich kapierte, dass Jochens Einladung bedeutete, er würde auch zahlen – und bei nächster Gelegenheit nahm ich sofort an. Nach einem ausführlichen Gelage, bei dem wir es vom Bier zum Schnaps geschafft und zwischendurch auch etwas Solides für den Magen bestellt hatten, holte er großzügig seine Brieftasche heraus und zum ersten Mal hörte ich das schreckliche deutsche Wort: „Getrennt."

Als ich nach Luft schnappte, murmelte er bloß: „Habe ich gesagt, ich würde dich einladen? Tut mir leid, aber ich habe nichts mehr auf der Bank. Kannst du mir was leihen?"

Übrigens, dass Mann und Frau getrennt zahlen, wenn sie zusammen weggehen, ist vielleicht in Deutschland gang und gäbe, in Amerika oder England nicht. Wir haben dafür ein eigenes Wort:

> *Dutch treat* beziehungsweise *going Dutch* = Einladung auf Holländisch

Es stimmt schon, dass man auch in Holland den Brauch getrennter Rechnungen pflegt – allerdings nennt man es dort: *Amerikaans feest* (amerikanisches Fest). Und in der Türkei heißt diese Sitte: *Alman usûlü ödemek* (zahlen auf die deutsche Art).

Vermutlich stammt der Spruch *Dutch treat* aus der Zeit der englisch-niederländischen Kriege im 17. und 18. Jahrhundert. Während dieser hässlichen Episode entstanden eine Menge hübscher Sprüche, die heute leider verlorengegangen sind. Im Interesse der guten englisch-holländischen Beziehungen will ich es an dieser Stelle nicht versäumen, die schönsten noch einmal aufleben zu lassen:

> *Dutch courage* (Mut auf Holländisch) = Gin
> *Dutch-bottomed* (Fassboden auf Holländisch) = leer
> *Dutch wife* (holländische Ehefrau) = Prostituierte beziehungsweise Sexpuppe
> *Double Dutch* (doppelt Holländisch) = wirres Zeugs

MENU

Bitte essen Sie nicht die Speisekarte!

Doch Jochen kam mir nicht ungeschoren davon. Die Gelegenheit ergab sich, als wir gemeinsam nach London fuhren. Schon am ersten Abend wollten wir ins Theater – in das berühmte, schon ewig laufende Stück „The Mousetrap" von Agatha Christie. Wir stellten uns an, um eine Eintrittskarte zu kaufen, und ich schob Jochen vor.

„*I want a card, please*", sagte er freundlich an der Ticketkasse.

„I don't have any cards", informierte uns der Ticketverkäufer ebenso freundlich.

„But you are the card seller, yes? You must have cards."

„Do I look like a magician? I don't have any cards. Do you want a ticket or not?"

Jochen schaute mich fragend an, und ich flüsterte: „Ein Arschloch ist das – der versteht dich schon, er mag nur keine Deutschen. Setz dich durch!"

Der darauffolgende Streit, der rund 15 Minuten dauerte, war der reinste Spaß, das kann ich Ihnen sagen.

Eines Tages wollten wir unbedingt in eines dieser feinen Londoner Restaurants, die sich schlicht und volksnah geben, indem sie das Wort *grill* im Namen führen, zugleich aber so gepfefferte Preise verlangen, dass man gleich wieder kehrtmachen würde, wüsste man nicht: Nirgends auf der Welt bekommt man bessere Hamburger! Also bleibt man doch.

Ich dachte schon, Jochen hätte seine Lektion gelernt, aber seine Begeisterung für *cards* war ungebrochen. Kaum saßen wir im schicken Speisesaal, winkte er den Kellner heran und verlangte:

„Please bring me your card."

„My card?", erwiderte der Kellner verdutzt. *„I don't have a card."*

„But you must have a card", insistierte Jochen. *„How can I order without a card?"*

„But you can order right now, right here, Sir. You don't have to call me on the phone."

Jochen schaute mich hilflos an. Ich rollte mit den Augen und flüsterte: „Arschloch."

„I want to talk to the manager!", verlangte Jochen.

Was Jochen nicht wusste, weil ich es ihm erst viel später im windigen Hyde Park bei einer Tüte *fish and chips* erklärte: Wenn Sie eine Fahrkarte für den Bus, die Bahn oder die *subway* kaufen wollen; wenn sie ins Kino, Konzert oder Theater gehen und eine

Eintrittskarte brauchen, fragen Sie nicht nach einer *card*, sondern nach einem *ticket*.

Wer einen Kellner um eine Karte bittet, bringt ihn bloß durcheinander, da es in den USA und England eher unüblich ist, dass Kellner eigene „Visitenkarten" *(business cards)* mit sich herumtragen.

Wenn aber umgekehrt der Kellner Sie nach Ihrer *card* fragt, hat er jedes Recht dazu: Er meint damit Ihre *credit card* (Kreditkarte) oder *debit card* (Bankkarte beziehungsweise EC-Karte).

Im Casino, Zirkus oder Theater bedeutet *card* wieder etwas anderes: Fragen Sie den Croupier am *blackjack table* nach *cards*, wird ein neues *deck of playing cards* aufgemacht. Die gleichen *cards* benutzt auch ein Magier für seine Tricks, eine Wahrsagerin dagegen legt Ihnen die *tarot cards*.

Nachdem der Manager kopfschüttelnd wieder verschwunden war, ging es ans Bestellen – und das war das Unterhaltsamste von allem. Nachdem wir die Speisekarte studiert hatten, kehrte der Kellner zurück, und ich schlug dem etwas irritierten, unkonzentrierten Jochen auf Deutsch hilfsbereit vor: „Nimm doch das Menü. Das sieht gut aus."

„*I'll just have the menu*", sagte er zu dem Kellner etwas geistesabwesend.

„*I'm sorry, Sir, you have to eat something if you're going to sit here*", meinte der Kellner, der nur noch wenig Geduld hatte.

„*Yes, I'll eat the menu. With a glass of wine.*"

Wenige Minuten später standen wir beide wieder auf der Straße, und ich muss sagen, das war es wert: Ich habe immer noch die Fotos von Jochens hochrotem Kopf, wie er immer wieder die Worte „*Menu! I'll have the menu! Menu, menu, menu! And bring a card!*" gegen die geschlossene Tür brüllte.

Auf Englisch bedeutet das Wort *menu* „Speisekarte". Es kann einen Kellner schon verstören, wenn ein Deutscher im Restaurant darauf besteht, die Speisekarte zu essen. Wenn ein

Restaurant ein „Menü" zum Essen anbietet (also eine festgelegte Reihenfolge von Gerichten), dann haben wir dafür verschiedene andere Bezeichnungen:

Ein *combo (combination meal)* ist der üblichste Begriff in Amerika; manchmal werden die Gerichte hintereinander serviert, manchmal gleichzeitig.

Oft steht auf der Speisekarte auch einfach nur *plate*. Gemeint ist nicht bloß ein „Teller", sondern ein *combination plate* – eine Auswahl verschiedener Speisen, die oft auf einem Teller gebracht wird.

In England konkurriert *combo* mit *set meal*. Ganz deutlich ist ein *3-course meal, 4-course dinner* oder gar *5-course banquet*: Ein *course* ist ein Gang.

In höherpreisigen Restaurants begegnet einem gar das *prix fixe*. Und nicht nur das. Wenn Sie das Wort *menu* tatsächlich einmal nicht nur vorne auf der Speisekarte, sondern auch im Innenteil lesen, dann sollten Sie sich gut überlegen, was Sie jetzt tun. Der Begriff *menu* – im deutschen Sinne die „feste Reihenfolge von Gerichten" – ist für uns nämlich ein französisches Fremdwort und wird nur in Lokalen verwendet, in denen man die gesalzenen Preise mit einer besonderen Sprache rechtfertigen muss. Das legendäre „The Fat Duck" in Bray, unweit von London, bietet beispielsweise ein *menu* mit 13 Gängen an, unter anderem mit *red cabbage gazpacho, jelly of quail, crayfish cream, snail porridge, salmon poached in liquorice* und zum Dessert *whisk(e)y wine gums* – für lächerliche 150 Pfund.

Oder kennen Sie ein Restaurant, wo Sie Schneckenbrei und Gummibärchen billiger kriegen?

Der Unterschied zwischen Freddy **Nietzsche** und Harry **Potter**

Erst als ich anfing, auf Deutsch zu schreiben, begann ich mich mit dieser Sprache mal ernsthaft auseinanderzusetzen. Und entdeckte zu meiner Überraschung dabei den wichtigsten Unterschied: Deutsch analysiert, Englisch erzählt.

Es passierte, als ich mit meiner Co-Autorin Astrid Ule unseren ersten Roman „Nibelungenfieber" schrieb. Einen Roman zusammen mit einer Frau zu schreiben ist ähnlich laut, stürmisch und voller Missverständnisse wie eine Beziehung. Man gerät sich ebenso oft und leidenschaftlich in die Haare, nur dass man sich über interessantere Dinge streitet – wie etwa die Sprache.

Dazu kommt, dass Astrid eine sehr deutsche Herangehensweise hat, wenn es ums Schreiben geht. Sie kann tagelang an einzelnen Absätzen feilen, bis jedes Wort, jeder Punkt und jedes Komma hieb- und stichfest ist. Sie perfektioniert den Rhythmus und die Struktur, sie ist stolz darauf, alle relevanten Infos erfasst zu haben. Am Ende hat sie ein paar Absätze, die aus vollkommenen Sätzen bestehen und in denen jedes Detail sitzt. Sie ist die Frau für die Feinarbeit. Ich dagegen interessiere mich eigentlich nur für die grundlegende Geschichte: Wer macht was, und was passiert dann? Ich bin der Typ fürs Grobe.

Das führt zu Irritationen.

Es kommt schon mal vor, dass Astrid sich tagelang mit einer Szene beschäftigt, in der zum Beispiel Karl aus dem Fenster schaut und über die Sinnlosigkeit des Lebens nachsinnt. Irgendwann kommt sie dann stolz zu mir ins Büro und sagt: „Hier, fertig: Was hältst du davon?"

„Was ich davon halte?", sage ich, nachdem ich es gelesen habe. „Es ist genial. Ich liebe es. Es sagt so viel aus. Und wie nachdenklich er in seinem Tee rührt – das ist einfach poetisch."

„Und?", meint sie mit wachsender Begeisterung. „Magst du es, wie er seine Stirn gegen das kalte Fensterglas presst, sein Atem an der Scheibe kondensiert und er dann die Muster des Wischlappens auf dem Glas erkennt, mit dem er das letzte Mal das Fenster geputzt hat, und er sich fragt, ob der streifenfreie Glanz, von dem die Putzmittelwerbung immer redet, nur eine weitere Lüge ist, auf die er in seinem Leben reingefallen ist?"

„Oh ja", sage ich, „sehr. Nur leider habe ich Karl schon vor drei Tagen aus der Geschichte rausgeschmissen – er spielt einfach keine Rolle mehr im weiteren Handlungsverlauf."

Diesem Unterschied in der deutschen und angloamerikanischen Mentalität begegne ich immer wieder. Die deutsche Literatur stellt gerne mal die Sprache in den Vordergrund und vernachlässigt dafür die Handlung. Schon Goethe war abstrakten Abschweifungen nicht abgeneigt. Er sah sich auch nicht ausschließlich als Erzähler, sondern vor allem als Denker und versuchte sich sogar als Naturwissenschaftler. Shakespeare war dagegen stark handlungsorientiert und schrieb fast nur Theaterstücke.

Diese verschiedenen Herangehensweisen haben die Erzähltraditionen beider Sprachen stark geprägt: Heute noch sind deutsche Schriftsteller in unseren Augen zu analytisch und verkopft, während angloamerikanische in Deutschland unter dem Ruf leiden, zu oberflächlich und handlungshörig zu sein. Sicher, Deutschland hat zwar neben Kant, Heidegger und Adorno große Erzähler wie Karl May und Frank Schätzing hervorgebracht, aber für jeden Winnetou gibt es in der angloamerikanischen Literatur fünf Sherlock Holmes, James Bonds, Miss Marples, Harry Potters und Frodo Beutlins. Andererseits haben auch wir wichtige Philosophen vorzuweisen, zum Beispiel Willard Van Orman Quine oder John Rawls … Nie gehört? Ich auch nicht. Was wieder mal beweist: Nicht analytisch denken, sondern erzählen ist die große Stärke der Angloamerikaner.

THE

Der Briefträger, der den Hund biss

Und das liegt an einem kleinen, oft übersehenen Wort: *the*. Es ist schwer, sich ein Wort vorzustellen, das die englische Sprache mehr geprägt, verändert und regelrecht beherrscht hat – und dies immer noch tut – als *the*. Noch zu Zeiten der germanischen Angelsachsen, die sich in einer Sprache namens „Altenglisch" unterhielten, unterschied man zwischen männlichen, weiblichen und neutralen Wörtern. Im Mittelalter fand dann eine merkwürdige Wandlung statt. Vielleicht hatte es damit zu tun, dass die Angelsachsen vom Kontinent abgeschnitten waren. Jedenfalls hörte man auf, zwischen männlichen, weiblichen und neutralen Begriffen zu unterscheiden und sagte einfach *the*.

Das änderte alles. Von diesem Zeitpunkt an war es nicht mehr möglich, einen Satz rückwärts zu sprechen. Das berühmteste Beispiel ist der Satz: *The dog bit the postman.* Geht man den

Satz von hinten an – also mit „Briefträger" am Anfang statt am Ende –, bekommt der Satz eine völlig andere Bedeutung: *The postman bit the dog.*

Auf Englisch ist diese Umstellung ein Problem, denn plötzlich ist der Briefträger derjenige, der eingeschläfert werden muss. Auf Deutsch ist die Umstellung kein Problem: „Den Briefträger biss der Hund" bedeutet genau das Gleiche wie „Der Hund biss den Briefträger". Diese Flexibilität wird mithilfe von „der", „die" und „das" erreicht. In diesem Fall von „den", ganz zu schweigen von einem Dutzend weiterer Wörter, angefangen bei „dem" bis zu „dessen", die wir im Englischen für völlig überflüssig erachten. Englisch hat nur *the*.

Einerseits ist das ein Vorteil – klar, man muss weniger auswendig lernen. Andererseits muss man immer darauf achten, dass der Briefträger als Erstes im Satz auftaucht. Die starre Reihenfolge unserer Sätze führt dazu, dass der natürliche englische Satz immer eine Geschichte erzählt:

1. Der Held
2. Seine Heldentat
3. Die Folgen

Das kennen Sie aus der Schule:

1. *Subject*
2. *Verb*
3. *Object*

Man sagt den Deutschen nach, sie seien steif, mögen keine Überraschungen und bräuchten feste Strukturen – aber das ist nichts gegen den englischen Satz. Da muss alles genau an seinem Platz stehen, und falls sich mal was woanders befindet, geraten wir in Unruhe und verstehen nur Bahnhof. Deutsch ist wesentlich flexibler. Schauen Sie sich einen typischen englischen Satz einmal genau an:

The naked woman shot the famous artist.

Auf Deutsch kann man sich von seinem Gefühl für Prioritäten leiten lassen: Glaubt man, das Wichtigste am Satz sei die nackte Frau, dann erwähnt man sie zuerst: „Die nackte Frau erschoss den berühmten Künstler." Hält man dagegen Kunst für wichtiger als Sex, schreibt man: „Den berühmten Künstler erschoss die nackte Frau." Ist man wirklich empört, kann man sogar mit dem Verb anfangen: „Erschossen hat die nackte Frau den berühmten Künstler!"

Diese Möglichkeiten gibt es auf Englisch nicht. Derjenige, der handelt, muss zuerst kommen, dann seine Handlung, danach erst die Folgen seiner Tat. Selbst in der Anleitung zum Aufbau eines Ikea-Regals findet man diese Reihenfolge:

> *Remove the shelves from the package.* = Entnehmen Sie die Bretter aus der Packung.
> 1. Held: Sie selbst – also derjenige, der seiner Frau versprochen hat, das verdammte Ding zusammenzuschrauben, und den Text nun lesen muss.
> 2. Tat: Das Auspacken nach wochenlangen Ausreden.
> 3. Folge: Der Karton ist leer, somit ist also der erste Schritt getan – man darf sich ein Bier genehmigen.

Die Deutschen sind da anders. Sie lieben Sätze, die weit ausholen, bevor sie zum Punkt kommen, wie ein Raubvogel, der von hoch oben aus den Lüften den Boden genau abcheckt, jedes Detail beobachtet (Gibt es Konkurrenten in der Gegend? Wie sind die Windverhältnisse? Wo sind die Fluchtmöglichkeiten?), bis er endlich in den Sturzflug geht und sich die Maus schnappt. Dazu ein Beispiel aus dem Artikel „Es grünt so schwarz" über die Möglichkeit einer schwarz-grünen Koalition:

> „Dass die führenden Grünen sich eine Zusammenarbeit mit CDU-Leuten wie NRW-Integrationsminister Armin Laschet oder CDU-Generalsekretär Andreas Krautscheid vorstellen können, die bereits seit 15 Jahren gute Beziehungen zu ihnen pflegen, steht außer Frage."[5]

Das ist ein guter Satz. Er teilt eine Menge mit, ohne überfrachtet zu sein; er hat einen eigenen Rhythmus und baut sogar Spannung auf. Der Autor schafft es, dem Leser die allerwichtigste Information – nämlich, dass es „außer Frage steht" – bis ganz zum Schluss vorzuenthalten. Chapeau! Stellen Sie sich vor, er hätte am Ende „glaubt kein Mensch" geschrieben. Der Satz hätte eine ganz andere Bedeutung bekommen.

Es ist auch einer dieser Sätze, die englische Übersetzer verrückt machen. Hier gibt es verschiedenste Möglichkeiten: Man könnte eine so komplizierte Formulierung wortwörtlich übersetzen – dabei baut man einen so verzwickten Satz auf, dass „steht außer Frage" mit Ach und Krach am Ende steht –, aber englische Muttersprachler würden daraus bloß schlussfolgern, dass der Übersetzer wohl betrunken war. Also setzt der Übersetzer das „steht außer Frage" ganz einfach an den Anfang, und der englische Leser ist zufrieden. Allerdings gibt es dafür Ärger mit dem deutschen Autor. Er war so stolz darauf, den Leser bis ganz zum Ende des Satzes nicht wissen zu lassen, worum es geht. Es ist in seinen Augen wesentlich literarischer, wenn das „steht außer Frage" erst zum Schluss kommt.

Erfahrene Übersetzer schauen sich ihre Kunden genau an, bevor sie solche Sätze übersetzen. Ist der Kunde einer dieser Typen, die stolz auf ihre komplizierte Wortwahl sind, dann übersetzen sie den Text genauso, wie er da steht. Der englische Leser kann den Text zwar nicht verstehen, aber der Kunde zahlt. Vertraut der Autor dem Übersetzer, dann stellt dieser den Satz so um, dass er für englische Leser verständlich ist.

Es ist diese Starrheit des *the*, die Englisch so erzählerisch macht, und es ist die hohe Flexibilität, die die deutsche Sprache so analytisch sein lässt.

Diese einfache Reihenfolge in jedem englischen Satz wirkt sich auf die ganze Sprache aus. Ein Deutscher, der Englisch beherrschen will, braucht sich erst mal nur eins zu merken: *Keep it simple!*

Deutsche verspüren immer wieder den Drang, sobald sie einmal die Grundsätze der Sprache verstanden haben, auch beweisen zu wollen, wie gut sie das können. Sie versuchen, Sätze zu bauen, die so filigran und kompliziert sind wie deutsche Sätze. Sie haben das euphorische Gefühl, sie meistern gerade eine Fremdsprache, aber in Wirklichkeit erzeugen sie beim Muttersprachler Verwirrung auf ganz neuem Niveau.

Wer Englisch sprechen will, muss lernen, in Geschichten zu denken: Jeder Satz ist eine kleine Erzählung mit Held, Tat und Folge, und zwar meist in genau dieser Reihenfolge. Deutschen kommt das oft kindisch vor, nach dem Motto: „Wenn jeder es verstehen kann, habe ich mich nicht genug angestrengt." Doch während man hierzulande lange, komplizierte Sätze als literarisch wertvoll, intelligent und besonders gelungen ansieht, gelten auf Englisch eher knappe, verständliche Sätze als literarisch wertvoll, intelligent und besonders gelungen. Nicht nur ich bin der Meinung, dass der schönste Satz, der jemals auf Englisch geschrieben wurde, in der Bibel steht. Denn in der englischen Standardübersetzung (King James Version, John 11,35) heißt es:

> *„Jesus wept."* (Jesus weinte.)

Ein ganzer Satz, ja, ein ganzer Absatz, der nur aus zwei Wörtern besteht und dennoch ergreift. Das ist reine Schönheit. In der Martin-Luther-Übersetzung heißt der gleiche Satz:

> „Und Jesus gingen die Augen über."

I AM

Action! Immer nur Action!

Ich wusste, ich lebte bereits zu lange in Deutschland, als ich auf Besuch zu Hause in Amerika bei meiner Familie den ganz normalen Satz „*Things are going okay for me in Germany*" äußerte. Alle ließen ihr Besteck sinken und schauten mich an, als ob ich in einer Fremdsprache redete. Meine große Schwester meinte besorgt: „Eric, man merkt, dass du mehr Deutsch als Englisch sprichst." Sie hatte recht: *Things are going okay for me in Germany* war eine Eins-zu-eins-Übersetzung aus dem Deutschen: „Mir geht's gut in Deutschland."

Was ist der Unterschied? In dem deutschen Satz „Mir geht's gut in Deutschland" bin ich nicht sonderlich aktiv. Ich sitze bloß rum, und das Leben ist aus unerklärlichen Gründen nett zu mir. Auf Englisch finden wir das langweilig. Nicht das Leben soll nett zu mir sein, sondern ich soll aus dem Leben etwas machen.

Sie halten das für blinden Aktionismus? Dann stellen Sie sich mal die Frage, welcher der beiden folgenden Kinofilme mehr Erfolg verspricht:

Die Oma mit der geheimnisvollen Handtasche
Der Held geht an einer Bank vorbei; in diesem Moment tritt eine alte Frau heraus, die ihr ganzes Vermögen abgehoben hat und es in ihrer Handtasche nach Hause tragen will. Plötzlich merkt sie, dass sie gleich einen Herzinfarkt bekommen und ohne Erben sterben wird. Geistesgegenwärtig schreibt sie den Namen des Helden in ihr Testament und kippt um. Der Film endet mit dem Helden mitten auf der Straße, der sagt: „So viel Geld. Was mache ich nur damit? Kann mir einer helfen?"

Die Oma mit dem geheimnisvollen Plan
Eine alte Oma ohne jede Rente geht an einer Bank vorbei und hat die Idee, sie auszurauben. Der Rest des Films zeigt, wie sie feststellt, dass die Sicherheitsmaßnahmen der Bank so gut wie unüberwindlich sind; dass ihr Team von Profis zerstritten und in keiner Hinsicht vertrauenswürdig ist, sie aber keinen Rückzieher machen kann, weil ein alter Kumpel ihren nichtsnutzigen Enkel entführt hat und die Hälfte der Beute verlangt.

Was für großes Kino gilt, gilt auch für einen einzigen Satz. Auch da wollen wir einen Helden haben, der etwas vollbringt. Also sagen wir nicht „Mir geht's gut", sondern *I'm doing well*.

Nicht so der deutsche Satz. Die deutsche Sprache liebt Sätze, in denen der Handelnde nicht direkt handelt, sondern eher irgendwie in irgendwelche Umstände gerät. Das hat vermutlich etwas mit Bescheidenheit zu tun: Der Deutsche will sich nicht penetrant in den Vordergrund drängen, also sagt er nicht „Ich mache gerade alles richtig", sondern „Mir geht's gut". Schon in der Schule wird man dazu angehalten, seine Sätze – beispielsweise in Briefen – nicht mit „ich" zu beginnen. Auf Englisch haben wir keinerlei Bedenken dieser Art. Ein „Ich", das etwas tut, ist ein spannendes „Ich".

Die Neigung zum Passiven durchzieht die deutsche Sprache wie das Kirschwasser die Schwarzwälder Kirschtorte. Der Held eines deutschen Satzes erscheint für unseren Geschmack viel zu wenig als „er" und viel zu häufig als „ihn" oder „ihm": Er erregt sich nicht *(he gets upset)*, sondern etwas ärgert „ihn"; manchmal hat er zwar eine gute Idee *(he has a good idea)*, doch meist fällt „ihm" eine gute Idee ein; er ist im Winter nicht kalt *(he is cold)*, sondern es ist „ihm" kalt.

Wann immer Sie in Versuchung kommen, auch im Englischen solche Sätze zu benutzen, biegen Sie sie lieber so zurecht, dass der Held auch Held bleibt:

> Mir ist langweilig. = *I am bored.*
>
> Mir fiel ein, dass wir zusammen ins Kino gehen könnten. = *I thought we could go to the movies together.*
>
> Es gefiel ihr, was er mit ihr im Kino angestellt hat – vom Film aber hat sie nichts mitbekommen. = *She liked what he did to her in the movie theater – she didn't get much of the movie, though.*
>
> Ihr ist nach Gurken und Vanilleeis. = *She feels like pickles and vanilla ice cream.*

I WAS AT

Dabei sein ist nicht alles

„Ich will da nicht mehr rein", sagte meine Freundin Charlotte kleinlaut und mit einer Angst in der Stimme, die ich von ihr nicht kannte. Sie starrte auf den Einkaufszettel in ihrer Hand und schaffte es irgendwie nicht, die Autotür zu öffnen.

„Aber wieso denn?", fragte ich alarmiert.

„Ich habe das Gefühl, dass die Leute mich angucken."

„Wo? Auf dem Parkplatz?"

„Nein, im Supermarkt."

Wir waren zu Besuch bei Verwandten in einer verschlafenen amerikanischen Kleinstadt, in Salem, Oregon. Bisher lief alles gut. Und plötzlich das: eine unerklärliche – wahrscheinlich pathologische – Angst, den Supermarkt zu betreten. In Deutschland hatte sie noch nie irgendwelche Anti-Shopping-Anwandlungen gezeigt. Im Gegenteil. Litt sie an einem Kulturschock? Vielleicht ausgelöst durch die Konfrontation mit Amerikas Konsumgesellschaft?

„Nur keine Panik", sagte ich, „schauen wir uns das Problem mal an. Wo passiert es? In jedem Supermarkt oder nur im Safeway?"

„In jedem Supermarkt", gestand sie. „Aber nur drinnen. Es fängt an, wenn ich eintrete, und hört erst wieder auf, wenn ich auf dem Parkplatz bin. Die Leute schauen mich an."

„Wieso? Warst du nackt? Hast du laut vor dich hin gesungen – ein Death-Metal-Lied vielleicht? Hast du mit einer Pistole rumgefuchtelt?"

Sie seufzte: „Ich war vollständig bekleidet, frisch geduscht und hatte keine Hundekacke am Schuh. Ich hab sogar in einen Spiegel geschaut: kein Fleck auf der Nase. Ich wollte nur ein paar ganz normale Sachen holen wie Milch und Brot und meine Lieblingskekse. Aber die Leute haben geguckt, als hätte ich Pornos gekauft."

Wenn ich jetzt nichts unternahm, würde das Einkaufen künftig noch an mir hängen bleiben. Ich machte einen Vorschlag: Wir würden zusammen reingehen, aber ich würde mich ein wenig abseits halten und alles beobachten.

Im Supermarkt fiel mir zunächst nichts auf. Sie lief einige Schritte vor mir her. Weil sie nur ein paar Kleinigkeiten kaufen wollte, ging sie an den Einkaufswagen vorbei zum Waschmittelregal und griff sich eine Flasche, dann eine Familienpackung Aspirin und zu guter Letzt nahm sie noch eine Zeitschrift mit. Sie hatte recht gehabt: Die Leute schauten sie an. Nicht feindselig – nur leicht irritiert. Wir trafen uns hinter den Kassen.

„Merkst du das nicht selbst?", fragte ich. „Du fällst auf. Was tun all diese Leute, was du nicht tust?"

Sie schaute sich um, konnte es aber nicht sagen.

„Wie viele Leute hier tragen ihre Einkäufe auf dem Arm?"

Und tatsächlich: Alle anderen schoben einen riesigen Einkaufswagen vor sich her, egal, wie viel sie kaufen wollten. Nur meine deutsche Freundin nicht.

„Aber ich will nur drei Dinge holen", protestierte sie. „Dazu brauche ich doch diesen Straßenkreuzer nicht. Ist das nicht erlaubt?"

Natürlich war es erlaubt, die paar Artikel in die Hand zu nehmen. Es war nur ... anders. Es ließ die Leute stutzen. Wahrscheinlich wussten sie selber nicht wieso, aber irgendwas an der Dame ohne Einkaufswagen fiel auf.

Als sie das nächste Mal alleine zum Safeway ging, änderte sie ihr Verhalten: Sie schob einen riesigen Einkaufswagen vor sich her und stellte nichts hinein außer einer einzigen Tüte Kekse. Als sie nach Hause kam, grinste sie – sie strahlte förmlich: „Ich habe es geschafft!", frohlockte sie. „Ich bin einer von euch!"

Es gibt halt Dinge, die nicht wirklich falsch sind – und trotzdem nicht richtig. Auch in der Sprache. Beispielsweise grammatisch absolut korrekte, aber irgendwie, ich weiß nicht warum, doch völlig falsche Satzfetzen wie: *I was at ...*

Das ist eine Redewendung, die oft in Anekdoten benutzt wird. Und weil Englisch eine erzählerische Sprache ist, sollte man in Kauf nehmen, dass man öfters mal eine Anekdote zum Besten geben muss. Zum Beispiel: ein Besuch auf einer Party.

Auf Deutsch ist es völlig natürlich, so anzufangen: „Ich war auf einer Party, und da war so ein Mädchen." Diesen Satz kann man auch eins zu eins ins Englische übersetzen: *I was at a party and there was this girl ...* Sie stimmt auch, die Übersetzung. Grammatikalisch stimmt sie.

Doch irgendwas daran stimmt nicht. Wir würden es einfach auf Englisch nicht so ausdrücken. Nicht mit *I was at ...* Wir würden eher sagen „Ich ging zu ...": *I went to a party and met this girl.*

Der Unterschied zwischen *I was at* und *I went to* scheint auf den ersten Blick verschwindend gering zu sein, ist aber vergleichbar mit der Situation im Supermarkt, als Charlotte sich die Arme voller Dosen und Flaschen lud: Wir würden es anders machen. Es gibt auch einen Grund dafür: *I was at a party* ist ein Zustandsbeschreibung, *I went to a party* eine Geschichte.

Denn was heißt hier *I was at a party?* Geht das denn so leicht? „Erscheint" man einfach auf einer Party? Zack – und man ist einfach „da"? Der Held einer Geschichte ist niemals „einfach da". Wir wollen einen aktiven, Erfolg versprechenden Helden, der mit eigener Kraft und aus eigenen Stücken dahinkam:

„Von irgendwelchen Typen, die ich nur vom Sehen her kannte, hörte ich, es steigt da eine Party. Es war schon spät, ich war müde, trotzdem raffte ich mich auf, zog mein coolstes Hemd an, verschwendete mein letztes Geld für den Bus, irrte durch die leeren Straßen eines Vorortes, von dem ich nicht mal wusste, dass er existierte, und stand plötzlich vor der Tür – sollte ich klingeln? Oder war es etwa ein Fehler, dass ich gekommen war? Doch es gab kein Zurück mehr. Ich nahm all meinen Mut zusammen und klingelte. Aber keiner hörte mich, so laut war die Musik. Ich ging um das Haus herum, stieg über den Zaun und zerriss mir dabei das Hemd. Am Pool saß ein Mädchen und ließ die Beine im Wasser baumeln. Ich erzählte ihr, wie ich hergekommen war. Sie küsste mich."

All das steckt in dem kurzen Satz *I went to a party and met this girl.* Auch in *I was at a party* steckt eine Menge drin – und zwar:

„Ich kann doch nichts dafür, dass ich auf dieser Party war. Ich wollte nur in Ruhe Playstation spielen. Plötzlich hatte ich einen Blackout und war dort. Ich wette, das war meine Mutter: Sie meckert den ganzen Tag darüber, dass ich mit 35 noch nicht aus dem Haus bin. Sie hat mich wohl hergebracht. Im Auto muss ich eingeschlafen sein. Wie ich das hasse, wenn meine Mutter mich bevormundet! Ich wusste nicht mal, wann sie mich wieder abholt. Ich fragte ein Mädchen, ob es hier eine Playstation gibt. Sie sagte nur: ‚Idiot'."

Das deutsche „Ich war da" begegnet einem überall im Deutschen – und im Englischen sagt man fast immer etwas anderes:

> Ich war schon auf Level vier bei „Call of Duty", und jetzt hänge ich auf dieser doofen Party rum! = *I just reached level four in „Call of Duty" and now I have to hang around this stupid party!*
>
> Ich war unterwegs zur Schule, als plötzlich Aliens meine Hausaufgaben klauten. = *I was going to school when aliens stole my homework.*
>
> Ich war in der Achterbahn und hab so geschrien, dass ich mein Gebiss verlor. = *I was riding the rollercoaster and screamed so much I lost my dentures.*
>
> Ich war im Urlaub auf Mallorca und wurde von deutschen Touristen entführt! = *I went on vacation to Majorca and got kidnapped by German tourists!*
>
> Ich war im Puff und bin dort dem Bürgermeister begegnet. = *I was visiting a brothel and I ran into the mayor.*
>
> Ich war mal Bürgermeister, aber dann begegnete ich einem Journalisten im Puff. = *I used to be mayor, but then I ran into a journalist in a brothel.*

I'LL SEE YOU

Wir sehen uns – aber wer ist eigentlich „uns"?

Ein höchst philosophischer Cartoon in „The New Yorker" zeigt eine schmale Serpentinenstraße an einer Felsenklippe an der Côte d'Azur, das Mittelmeer im Hintergrund. Ein Liebespaar fährt in einem Cabrio, Wind in den Haaren, coole Sonnenbrillen, gerade an einem anderen Cabrio vorbei, das in die entgegengesetzte Richtung braust, und siehe da – es ist genau der gleiche Wagen, selbst die Insassen sind identisch.

Es ist ihr Spiegelbild, nein, es sind sie selbst, die gerade in die andere Richtung vorbeifahren. Da bemerkt die Frau nicht ohne eine gewisse Schadenfreude: „Ich hab doch gesagt, dass wir im Kreis fahren."

Wir Amerikaner können Witze darüber machen, dass man sich selbst auf der Straße begegnet – die Deutschen aber können es wirklich.

We meet us next week, okay? ist ein ganz häufiger deutsch-englischer Satz, genauso wie *We see us at the concert.* Immer wenn ich ihn höre, sehe ich vor mir: Jochen und ich gehen nächste Woche zusammen die Straße runter, und wer kommt uns entgegen? Wir! Wir sehen uns! Direkt vor uns, live, persönlich ... uns! Ein Wunder!

Doch ach, wie schade, immer wieder werde ich enttäuscht: Nächste Woche, wenn ich mit ihm die Straße entlanggehe, begegnen wir vielen Menschen, nicht aber uns. Scheinbar begegnen die Deutschen sich selbst nur dann, wenn kein englischer Muttersprachler dabei ist.

Der englische Satz *We see us* ist dagegen lediglich in drei Situationen möglich:

> 1. Man sieht sich in einer Halluzination selbst: *I just saw myself – in bed with Angelina Jolie! Man, these drugs are good!*

2. Man begegnet in einem Science-Fiction-Film dem eigenen Klon: *I just met myself! In a secret laboratory – there were hundreds of me!*

3. Zwei sehr betrunkene Menschen stehen vor dem Spiegel und stellen begeistert fest: *We see us! Someone cleaned the mirror!*

In allen anderen Fällen übersetzt man den Satz „Wir sehen uns" ins Englische, indem man das „wir" in „ich und du" aufteilt:

Wir sehen uns. = *I'll see you.*

Es hat etwas mit dem Prinzip des Geschichtenerzählens zu tun: Jeder Satz hat einen Helden, und der Held macht etwas. Also ist der Sprecher der Held, er beschreibt die Tat, die er Dienstag vollbringen wird: *I will see you Tuesday.* Keine Angst, das wirkt nicht unhöflich, sondern nur unmissverständlich. Ist das dem anderen nicht recht, kann er ruhig erwidern: *Yeah, but I won't see you Tuesday.*

Wir haben halt eine Vorliebe für klare Verhältnisse. Denn seien wir mal ehrlich, was heißt das denn eigentlich: „Wir sehen uns", „Wir hören voneinander", „Wir telefonieren"? Entweder rufe ich dich an oder du rufst mich an. Ein Telefonieren, Hören oder Sehen entsteht eben nicht spontan – Facebook, Twitter und Co. hin oder her. Irgendjemand muss den Hörer in die Hand nehmen.

Solche Sätze müssen oft herhalten, um anzudeuten, dass ein Treffen in Wahrheit gar nicht zustande kommen wird: Wenn zwei Deutsche nichts mehr miteinander zu tun haben wollen, lassen sie ein lockeres „Man sieht sich" oder „Man läuft sich über den Weg" fallen. Das ist eine absolut elegante Methode, sich aus der Affäre zu ziehen. Solche pfiffigen Sätze fehlen uns leider auf Englisch: *I'll see you around* sagen wir stattdessen. Oder wenn wir es ausnahmsweise noch drastischer ausdrücken wollen – zum Beispiel nach einem schiefgelaufenen Bewerbungsgespräch: *Don't call us, we'll call you.*

MYSELF

Ich mich auch

Ich dachte schon, ich verstehe die Welt nicht mehr, als mein Kumpel Jochen eines Morgens bei mir einfiel und mir mit wichtiger Miene mitteilte, dass er eine sehr ungewöhnliche Lösung für sein Single-Problem gefunden hatte: *„I'm going to marry myself!"*, verkündete er und strahlte mich begeistert an.

Nun, ich bin ein moderner, aufgeschlossener Mensch. Ich höre Zwölftonmusik und einige meiner besten Freunde sind Transvestiten. Aber ich halte die Ehe für etwas Heiliges und bin nach wie vor der Meinung, eine Ehe sollte zwischen zwei Menschen geschlossen werden.

„Jochen", sagte ich so verständnisvoll, wie ich konnte, „ich weiß gar nicht, ob das erlaubt ist – eine standesamtliche Hochzeit ist nur zwischen zwei Personen möglich, nicht zwischen dir und dir selbst. Nicht in diesem Land, noch nicht. In Dänemark, vielleicht."

Erst, als er endlich auf die Idee kam, alles noch mal ganz langsam zu wiederholen, und zwar auf Deutsch, verstand ich, dass es ihm fernlag, sich selbst in Dänemark zu heiraten – er wollte sich verheiraten. Warum müssen manche Menschen sich auch immer so umständlich ausdrücken?

Auf Englisch sieht man sich nicht, man trifft sich nicht und man hört sich nicht. „Wir" tun „uns" eine Menge an, aber nicht das. Nur die Deutschen machen das. Unserer Meinung nach sagen Deutsche insgesamt viel zu oft „ich mich", „du dich" und „wir uns".

Hierzulande verliebt, verlobt und verheiratet man „sich" – man lässt „sich" sogar scheiden. Auf Englisch geht das nicht. Wir halten solch ein Verhalten für seltsam und unvernünftig. Was wir tun, ist doch viel logischer: Wir „fallen in die Liebe", dann „holen" wir uns das „Verlobtsein", das „Verheiratetsein" und schließlich das „Geschiedensein":

We fall in love.
We get engaged.
We get married.
We get divorced.

Das klingt vielleicht ein wenig nach guten alten Zeiten, wo die Familie arrangierte, wen man heiraten sollte, und man selber nichts dabei zu melden hatte. Ich glaube aber, es hat vielmehr etwas damit zu tun, dass wir die Liebe nicht planen oder in sie hineinwachsen können. Es handelt sich eben um eine unkontrollierbare Naturgewalt:

> Ich fiel in die Liebe und habe mir das Verheiratetsein geholt. = *I fell in love and got married.*

Wie eine Krankheit.

Selbst die Freuden des Geschlechtsverkehrs werden bei uns nicht immer geplant, sondern in bestimmten Situationen – zum Beispiel nach einer wilden Party, auf der es ausreichend Alkohol gab – sich irgendwie überraschend geholt: Man legt auf Englisch niemanden flach, sondern man „holt sich das Flachgelegtsein": *Last night I got laid.*

Das ist nicht alles:

> Man regt „sich" nicht auf, sondern „holt sich den Zustand des Aufgeregtseins". = *I get so excited when she calls.*
> Selbst ärgern tut man „sich" nicht, man „holt sich den Zustand der Wut". = *I get so mad when she calls.*

Auch sonst vermeiden wir gern „Ich-mich"- und „Du-dich"-Sätze. „Ich-mich" hört sich in unseren Ohren schnell merkwürdig an. Wer „sich" zum Beispiel „ein Brot schmiert", verwandelt sich unserer Meinung nach selbst in ein Sandwich:

> *I'm making myself a sandwich* – keine gute Strategie, um satt zu werden. Man macht „sich" nichts zum Es-

sen, man macht etwas zu Essen: *I'm making something to eat.*
Man „beschwert sich" nicht einmal, man „beschwert" ganz einfach. = *I complain whenever she calls.*
Man fühlt „sich" nicht zu Hause, sondern fühlt zu Hause. = *I feel at home,* auch: *You really make me feel at home.*

Wie Sie sehen, steht der Englischsprechende mit „sich selbst" lange nicht auf so gutem Fuß wie der Deutsche. Wir benutzen *myself* eigentlich nur, um irgendwelche Verwechslungen auszuschließen. „Ich schämte mich so" heißt: *I was so ashamed.* Aber hier geht auch: *I was so ashamed of myself.*

Wenn Sie aber unbedingt öfter „sich", „mich" oder „uns" benutzen wollen, weil Sie befürchten, Sie könnten es sonst ganz vergessen, dann benehmen Sie sich einfach mal daneben. Auf Englisch „entschuldigt man sich" nämlich ganz ähnlich wie im Deutschen: *„Excuse me", he said* beziehungsweise *When I stepped on her toes, I excused myself.*

Die etwas übertriebene deutsche Liebe zu „sich", „mir" und „mich" wird manchmal als Grund angeführt, warum Englisch schneller zum Punkt kommt. Da ist schon was dran. Warum muss man „sich" die Zähne putzen? Reicht es nicht, einfach „meine" Zähne zu putzen? Auf Englisch kaufe ich „mir" auch kein Motorrad, ich breche „mir" nicht sämtliche Beine und suche „mir" nicht direkt danach das nächste Motorrad aus. Ich kaufe einfach ein Motorrad, breche direkt sämtliche Beine und suche dann gleich das nächste aus. Und das Motorrad lässt „sich" auch nicht gut fahren, es fährt einfach gut.

Allerdings kann man nicht behaupten, dass das deutsche „Sich" überhaupt keine Vorteile hat. Im Gegenteil, daraus lässt sich eine Menge zaubern. „Das Ding an sich", dieser Spruch von Immanuel Kant hat eine faszinierende Eleganz, auch wenn mir schleierhaft bleibt, was er bedeutet (fragt man Philosophen, faseln sie etwas vom „Seienden" daher – den Spruch an sich finde ich aber toll). Auch „Ich hatte mich vergessen" ist schön, als ob „mich" ein Kleidungsstück ist, das man sich in Gesellschaft überzustreifen hat, zu Hause vor der Glotze aber nicht so wirklich braucht.

„Ich habe mir das Bein gebrochen" ist von geradezu brutaler Eigenverantwortung geprägt (wir sagen bloß *I broke my leg*), und der schöne Satz „Das tue ich mir nicht an", in dem die Gefahr der Selbstverletzung immer mitschwingt, ist eine Einladung zur Ironie, die sich gewaschen hat: „Wie? Susi will, dass wir zu ihrem Geburtstag alle gemeinsam in eine Kunstausstellung gehen? Das tue ich mir nicht an." Auf Englisch würden wir sagen, dass wir so was nicht brauchen oder nicht ertragen: *I don't need that* beziehungsweise *I can't take that.*

Das schönste deutsche „Sich" findet sich aber in den eleganten und wunderbar geheimnisvollen Formulierungen „Du mich auch" und „Ich dich auch". Es amüsiert mich jedes Mal, wenn ich ein „Ich dich auch" aufschnappe, ohne den vorangegangenen Satz gehört zu haben. Mir ist ja bewusst, was gemeint ist, und ich weiß ebenso, dass der Kumpel oder Kollege, der das gerade sagt, nicht will, dass ich es mitbekomme.

Dies sind wunderbare Sätze, weil es ihnen komplett an Verben mangelt, was sie grammatisch eigentlich unmöglich macht. Auf Englisch, wo sich immer alles um den Held und seine Heldentat dreht, können wir uns einen Satz ohne Verb praktisch nicht vorstellen. Dass man eines der schlimmsten, aber auch eines der schönsten Dinge, die man einem anderen Menschen sagen kann, auf Deutsch ohne Verb zum Ausdruck bringt – das hat eine elegante Knappheit, die sich kaum überbieten lässt.

Und falls Sie es noch nicht gemerkt haben, ich habe aus lauter Begeisterung darüber in fast jedem der letzten zehn Sätze das Wort „sich", „mir" oder „mich" benutzt.

Wie das **Leben** so spielt

Was ist der Sinn des Lebens? Ah, solche Fragen liebe ich! Sie sind ein willkommener Anlass, mich von den unwichtigeren abzulenken, die ansonsten mein Leben beherrschen: Wie zahle ich diesen Monat die Miete? Wie schafft es meine gewiefte Freundin nur immer, das Geschirrspülen auf mich abzuwälzen und mir danach auch noch sexuelle Gefälligkeiten abzutrotzen? Und wieso ist der Computer jetzt schon wieder abgestürzt?

Manchmal tut es einfach gut, sich stattdessen den großen Themen zu widmen, die zwar keine praktische Bedeutung für unser Leben haben, dafür weniger kosten als eine Kinokarte: Wahrheit, Liebe, Glück, der Kant'sche Imperativ ... Allerdings ist die Liste weltbewegender Themen erstaunlich kurz – das kann dann doch bald langweilig werden. Schaut man sich hingegen die Sprache mal genauer an, entdeckt man zahlreiche Begriffe, die es in sich haben, aber auf den ersten Blick zu harmlos wirken, um überhaupt aufzufallen.

Wörter wie „Spielen" nehmen wir nicht ernst – dabei ist „Spielen" ein interessantes Beispiel für Vielschichtigkeit. Ohne es zu merken, verbinden wir damit unglaublich viele Metaphern und Bilder, die über einen bloßen Zeitvertreib weit hinausgehen. Die englische Redewendung *Life is but a game* (Das Leben ist ein Spiel) etwa. Niemand sagt: „Das Leben ist eine gute Anstellung mit 30 Tagen Urlaub im Jahr und einer schönen Rente – und will man es endlich genießen, gehen die ganzen Ersparnisse für eine schmutzige Scheidung drauf." Nein, wir sagen dazu nur: Das Leben ist ein Spiel. An dem Spruch ist mehr dran, als wir zugeben mögen.

Und dann gibt es Wörter, die wir erst richtig deuten können, wenn wir wissen, wie sie in einem anderen Kulturkreis interpretiert werden. „Glück" beispielsweise. Ich persönlich habe keine Ahnung, was „Glück" wirklich heißt, aber seitdem ich hier lebe, weiß ich, dass wir Angloamerikaner „Glück" grundsätzlich anders verstehen als Deutsche.

LUCK

Glück in der Liebe, Unglück im Glück

Nichts verwundert uns englische Muttersprachler mehr als das deutsche Wort „Glück". Es will uns einfach nicht in den Kopf, dass die Deutschen nicht zwischen „Glück" und „Glück" unterscheiden können. Inhaltlich handelt es sich nämlich um zwei ganz verschiedene Dinge. Dazu ein Beispiel: „Ich traf sie auf einer Demo gegen die sinkende Demonstrationsbereitschaft", erzählte mir Jochen, der sich mal wieder Hals über Kopf verliebt hatte. „Die Menge drängelte ganz plötzlich, jemand in einem Pumuckl-Kostüm schubste mich, sie stolperte und fiel mir direkt in die Arme. Wir kennen uns schon eine ganze Woche und sind immer noch verliebt. *I am very lucky.*"

Ich hasse solche Geschichten. Nicht, weil ich meinem alten Freund sein Glück nicht gönne, sondern weil ich nicht weiß, wovon er redet. Er hatte nämlich *lucky* gesagt, aber *happy* gemeint ... Oder doch nicht? War er in dem Sinne „glücklich", dass er vor Freude im siebten Himmel schwebte? Oder dachte er bloß, er hätte „Glück" gehabt, weil ihm unverhofft eine nette Frau in die Arme gefallen war?

Das genau zu wissen ist für mich schon wichtig. Schwebt er auf Wolke sieben, weiß ich: Geh bloß kein Bier mit ihm trinken, er wird die ganze Zeit von nichts anderem als von dieser Frau schwärmen. Falls er jedoch den „glücklichen Zufall" meint, dann schlage ich ihm gleich eine Runde Skat vor – nach dem Motto „Glück in der Liebe, Pech im Spiel".

Denn bei uns heißt „so glücklich, dass ich jauchzen könnte" *happy* und der „glückliche Zufall" *lucky*. Das ist für uns ein himmelweiter Unterschied und wir finden es ehrlich gesagt ziemlich bedenklich, dass die Deutschen dafür keine zwei Wörter haben. Wer „wunschloses Glücklichsein" *(happiness)* mit „Glück im Spiel beziehungsweise wohlgesinntem Schicksal" *(luck)* gleichsetzt, für den ist Glück wohl reiner Zufall. Er glaubt anscheinend, er könne selber gar nichts dazu beitragen, jemals *happy* zu sein.

Ein Ami würde sein Glück nie dem Glück überlassen. Das haben wir sogar in unserer Verfassung verankert. Dort steht nicht: „Jeder hat das Recht, glücklich zu werden, so der Zufall es will." Nein, es heißt: „Jeder hat das Recht, nach Glück zu streben." Glück ist für uns keine Glückssache. Das erklärt zum Beispiel, warum es am Ende eines Films oder Buches nie *Lucky Ending* heißt. Das wäre zynisch. Das hieße so was wie: „Der Held hatte Glück – diesmal." Nein, man redet vom *Happy Ending,* denn der Held hat die Frau erobert und grinst nun die ganze Zeit selig vor sich hin.

Und wenn man sagt, jemand sei *down on his luck*, heißt das nicht, dass er traurig ist, sondern: das Schicksal meint es nicht gut mit ihm, alles geht schief und er hätte gern ein paar Dollar bis Dienstag.

Ich kann nicht sagen, ob der belgische Cowboy *Lucky Luke* glücklich ist, allerdings hat er ein glückliches Händchen – er trifft jedes Mal.

Ein Boot mit dem Namen *Lady Luck* hat nichts mit einer fröhlichen Dame zu tun, sondern ist nach der Schicksalsgöttin Fortuna benannt. Ein *lucky charm* ist ein kleiner Schmuckanhänger, der zwar nicht glücklich macht, dafür aber eine glückliche Fügung anziehen soll.

Im Fall von Jochen, der auf einer Demo der Frau seines Lebens begegnete: Er hatte beides, „Glück" und „Glück". Einerseits war er *lucky*, zufällig in der Menge ausgerechnet auf sie zu treffen; andererseits machte ihn diese Frau tatsächlich verdammt *happy*. Zumindest diese eine Woche.

LISTEN

Ich höre, aber ich höre nicht zu

Zu meiner Verteidigung muss ich vorbringen, dass ich gerade „Gute Zeiten, schlechte Zeiten" guckte, als meine Beziehung zu Charlotte in gefährliches Fahrwasser geriet. Warum warten Frauen auch immer genau auf den Moment, in dem der Mann fernsieht, um irgendetwas unglaublich Wichtiges mit ihm zu besprechen? Das ist ein Phänomen, das die Wissenschaft bis jetzt vernachlässigt hat. Auf jeden Fall begann Charlotte zu diesem sehr ungünstigen Zeitpunkt eine lange, emotionale Konversation über das brisante Thema Biogemüse, auf das ich eher sachlich, in wohlüberlegten Sätzen einging, die ausschließlich aus den Worten „Hm, hm! Ja, ja!" bestanden.

Irgendwann stellte Charlotte diese Frage, die sie aus irgendeinem Grund häufiger mal stellt: „Hörst du mich überhaupt?" Leider befand ich mich gerade mal wieder in einer Klugscheißer-Phase und antwortete: „Klar höre ich dich. Sonst würde ich nicht an den geeigneten Stellen ‚Hm, hm! Ja, ja!' sagen können. Im Übrigen kann man Ohren nicht zumachen – selbst wenn ich das wollte, ich würde dich trotzdem noch hören."

Abgesehen davon, dass ich danach dreieinhalb Wochen keinen Sex mehr hatte (Was nimmt ein Klugscheißer für das letzte Wort nicht alles auf sich?), gab ich nichtsdestotrotz eine sprachwissenschaftlich sehr interessante Wahrheit von mir: „Hören" ist nicht gleich „hören". Das ist leider auch jeder Frau bekannt, so auch Charlotte, die daraufhin spitz bemerkte: „Ich weiß, dass du mich hörst, aber offenbar hörst du mir nicht zu."

Dieses Problem – „hören" ist nicht gleich hören – lösen die Deutschen, indem sie einfach ein „zu" davorsetzen. Im Englischen finden wir den Unterschied zwischen hören und zuhören so existenziell wichtig, dass man dafür gefälligst zwei grundverschiedene Wörter haben sollte. Deshalb heißt „hören" bei uns *hear* und „zuhören" *listen*.

Hören ist das, was im Wachzustand eigentlich immer stattfindet – es sei denn, man presst die Hände auf die Ohren, was allerdings nicht immer gut ankommt. Will man dagegen jemandem zuhören, kann es jedoch nicht, weil der andere zu leise spricht, dann heißt dies auch „hören" beziehungsweise „nicht hören":
I wanted to listen to Charlotte's story about her mother's pumpkins, but she was talking so softly I couldn't hear a word.

Selbst wenn man zufällig etwas mitbekommt, ist das „hören":
I was about to enter the living room, but I heard Charlotte talking about her mother's pumpkins, so I went back into the kitchen.

Und natürlich der Klassiker – wenn der Lärm außenrum so laut ist, dass man ihn einfach nicht mehr ignorieren kann: *Kids, stop making all that noise! I can't hear myself think!*

Will eine Mutter ihrem Kind geduldig und sachlich klarmachen, nun sei der Moment gekommen, in dem es ausnahmsweise mal ganz genau zuhören sollte, sagt sie: *Listen to me or you'll end up a bum sleeping in the gutter.*

Hört man Musik und tut nichts anderes nebenher, so ist das ebenfalls „zuhören": *Can we talk about your hopes, dreams, and fears later? I'm listening to the new Metallica CD.*

Und sollte es ein Mann schaffen, die Frauen zu überzeugen, dass er tatsächlich jedem ihrer Worte Beachtung schenkt, heißt es von ihm nicht, er besäße ein gutes Gehör, sondern: *I told him all about my hopes, dreams, and fears and he didn't fall asleep once! He's a good listener.*

Ich wünschte, Charlotte würde das mal von mir sagen ...

WATCH

Sehen Sie noch oder schauen Sie schon?

Die Frauen sollen bloß nicht glauben, sie seien die einzigen, denen man keine Aufmerksamkeit schenkt. Eines Tages hatte ich mir ein schickes, neues Hemd gekauft und musste geschlagene 30 Minuten im Wohnzimmer vor Charlotte auf und ab stolzieren, ohne dass sie auch nur ein Sterbenswörtchen darüber verloren hätte. Sie saß auf der Couch und schaute sich im Fernsehen ein Spiel der Fußball-WM an. Immer wenn ich vor ihr vorbeiging und das Bild kurzzeitig verdeckte, murmelte sie: „Hm, hm! Ja, ich sehe dich, Schatz" und machte so eine wedelnde Bewegung mit der Hand.

Sie wusste, ich wollte ihre Aufmerksamkeit, sonst hätte sie nicht „Ich sehe dich, Schatz" gesagt. Doch es reichte mir nicht, dass sie mich sah, ich wollte, dass sie mich richtig ansah. Irgendwann baute ich mich direkt vor dem Fernseher auf und meinte: „*You see me, but you're not looking at me.*"

Ich glaube auch, sie hätte mir in diesem Moment die von mir gewünschte Aufmerksamkeit gewidmet, wenn nicht irgendjemand im Fernsehen „Tor!" geschrien hätte. Anstatt Rücksicht und Teilnahme zu zeigen, sprang sie wütend auf und brüllte mich an: *„Can't you see I'm watching TV?"*

Da haben wir es wieder: Selbst „sehen" ist nicht gleich „sehen". Auf Englisch haben wir geschlagene drei Möglichkeiten, zu gucken: *see, look* und *watch*. Und jedes Wort hat eine andere Verwendung. *See* ist ganz einfach – immer wenn die Augen offen sind, sieht man. *Look* und *watch* entsprechen dem deutschen „schauen" oder „zuschauen", wobei *look* ein kurzes, gezieltes Hingucken oder Inspizieren ist, während *watch* eher zu lang andauerndem und gezieltem Betrachten neigt.

Seeing hat oft etwas Zufälliges. Wenn man eine schnelle, unerwartete Bewegung *out of the corner of your eye* wahrnimmt, zum Beispiel: *Dad, I think I saw a ghost!* Was man sieht, kann man sich nicht immer aussuchen. Wer nachts von prophetischen Visionen heimgesucht wird, ist ein Seher – ein *seer*. Wer unbedachterweise die Tür zu Uromas Zimmer aufmacht und zufällig mitbekommt, wie sie gerade vom netten Pfleger gebadet wird und dabei kichert, darf hinterher behaupten: *In my life I've seen things I never wanted to see.*

Seeing ist ein so allgemeiner Begriff, dass er sich auch prima für die kleine, gut gemeinte Lüge eignet.

„Look at me!", bettelt der kleine Junge, der gerade kopfüber auf einem im Kreis fahrenden Fahrrad balanciert und dabei mit den Füßen die Fortsetzung von „Krieg und Frieden" auf einer Schreibmaschine schreibt.

„I see you, buddy", sagt dann der Papi, ohne die Augen von der Zeitung zu heben.

Die Kunst des flüchtigen Blickes beherrscht jeder Mann, der mit einer Lebensabschnittspartnerin eine Straße entlangspaziert und ohne eigenes Dazutun immer wieder mit jüngeren und auffallend geschmackvoll gekleideten Passantinnen konfrontiert wird, die einfach angeguckt werden wollen. Das Prinzip, dass man gucken, aber nicht anfassen darf, ist in jedem männlichen Hirn wie ein eisernes Gesetz verankert. *"You can look but you better not touch"*, sang schon Bruce Springsteen.

Doch sollte der Mann auf der anderen Straßenseite seinen – eigentlich verheirateten – besten Freund mit einer anderen Frau sehen, wendet er schnell den Blick ab: *It's Harry with Sheila! Quick, look the other way!*

Und erkennt der eigentlich verheiratete Harry ein paar Tage später im Juwelierladen, dass die Halskette, die er seiner Frau schenken wollte, um die Wogen zu glätten, doch recht teuer ist, sagt er, sobald der Verkäufer erscheint: *I'm just looking.*

Watching dagegen hat oft etwas Unterhaltsames an sich – ähnlich wie man sich beim Musikhören entspannen kann, lässt man den Blick auch oft nur rein zum Vergnügen schweifen. Deshalb heißt es vor dem Fernseher oder auf der Zuschauertribüne *watching*: *Don't bother me, I'm watching soccer!*

Merkwürdigerweise macht man das im Kino oder im Theater aber nicht – hier sagt man wie im Deutschen:

> Ich sah einen Film. = *I went to the movies and saw "Avatar".*

Watching kann man ebenso aus Pflichtgründen. Will der etwas aus dem Leim gegangene, eigentlich verheiratete Harry auf dem Fußballplatz der skeptischen Ehefrau beweisen, dass er es noch bringt, sollte sie etwas mehr Zeit mitbringen – 90 Minuten, wenn sie Pech hat und er so lange durchhält: *Watch me play!*

Genau das Gleiche wünscht sich in diesem Moment das Baby von der Babysitterin zu Hause. Und die schaut dem Baby bei all seinen Aktivitäten so genau zu, dass es kein Wunder ist, dass *watching over* „aufpassen" heißt.

> „Someone to Watch Over Me" (Jemand, der auf mich aufpasst) – der Jazzklassiker von George Gershwin

Watch out for the ball! It's coming right at you. = Pass auf, der Ball fliegt direkt auf dich zu!

SENSITIVE

Unsinn und Unsinnlichkeit

Geht es um wahre Gefühle, so gibt es eine feine Grenze zwischen nicht genug und zu viel. Glaubt man den Frauen, zeigen die Männer ihre Gefühle nicht genug und sind zudem – ein doppelter Schicksalsschlag – nicht einmal fähig, die Gefühle anderer zu erkennen. Wer allerdings jemals ein Junge gewesen ist, weiß, dass nichts Gutes dabei rauskommt, wenn man sich mitten auf dem Sportplatz wegen eines abgebrochenen Fingernagels hinwirft und in Tränen ausbricht, während der Ball, den man eigentlich fangen sollte, gerade seelenruhig vorbeifliegt. Falls ich das richtig verstanden habe, ist es gut, sensibel zu sein. Ist man jedoch ein Sensibelchen, ist das weniger toll. Wo genau dazwischen die Grenze verläuft, da bin ich wie die meisten Männer ehrlich gesagt überfragt.

Wer als Deutscher Englisch spricht und gleichzeitig versucht, den emotionalen Anforderungen der Frauen gerecht zu werden, hat ein zusätzliches Problem: Man hat keine Ahnung, was die Wörter *sensible* und *sensitive* überhaupt bedeuten. Sie hören sich zwar genauso an wie die deutschen Begriffe „sensibel" und „sensitiv", meinen aber teilweise etwas ganz anderes. Und dann sagt die Frau irgendwas von *sensual* und man kann es gleich aufgeben.

Nur das englische *sensitive* und das deutsche „Sensitiv" sind sich von der Bedeutung her ähnlich, die restlichen Begriffe werden in beiden Sprachen anders verstanden. Stellen Sie sich einmal vor, diese drei Wörter (*sensual, sensitive* und *sensible*) wären Personen:

Sensual mit *s* in der Mitte ist die perfekte Frau, die alle Männer wollen. *A sensual woman* ist „eine sinnliche Frau", die genau so auf die zarte Berührung von Männerhänden reagiert, wie der Besitzer dieser Hände sich das von einer Frau erträumt. Kommt man einander näher, kann das in besonders angenehmen Momenten zum Einsatz aller Sinne führen: Geruch, Geschmack, Hören, Tasten und Betrachten werden als besonderer Genuss erlebt. Das ist „sinnlich", also *sensual*.

Sensitive mit *t* in der Mitte ist hingegen der perfekte Mann – der Typ, den alle Frauen wollen. *A sensitive man* ist besonders empfänglich für subtile Gefühle. Er merkt, wenn es Ihnen nicht gut geht; er heult, wenn in Afrika ein Kind hungert, und ist empört, wenn seinem Schatz von einem Bauarbeiter nachgepfiffen wird. Seufzen Sie einmal ohne jede Vorwarnung: „Ach, das Geschirr, so ein Berg." Dann sagt er nicht: „Hm, hm! Ja, ja, Schatz, ist mir auch schon aufgefallen." Nein! Er erhebt sich mit einem Lächeln, und nach wenigen Minuten glänzt die Küche wieder wie neu. Der überempfindliche Künstler oder das Kind, das schnell in Tränen ausbricht, gilt ebenfalls als *sensitive*. Leider haben wir auf Englisch kein so schönes Wort wie „Sensibelchen", aber *sissy, cry-baby* oder *wuss* tun es genauso.

Sensible hingegen ist weder die perfekte Frau noch der perfekte Mann – *sensible* ist der Mann oder die Frau, den oder die man heiratet. *Sensible* hört sich zwar an wie das deutsche Wort „sensibel", hat allerdings rein gar nichts mit „empfindsam" zu tun. Im Gegenteil, *sensible* bedeutet bei uns „grundvernünftig". *A sensible woman* trägt flache Schuhe, ist rundum versichert, hat ein unangetastetes Sparbuch und heiratet einen netten, fleißigen Mann, der kein Motorrad fährt, seine Abende nicht in der Kneipe verbringt und weiß, was ein Kreuzschlitzschraubenzieher ist.

Sensual, sensitive und *sensible* stammen alle von *sense* ab und sind nur deswegen so unterschiedlich, weil auch *sense* so viele verschiedene Bedeutungen hat.

Genau wie „Sinn" im Deutschen übrigens auch. „Sinn" hat ja auch das, was praktisch etwas bringt: Das ganze Geld für Eiscreme auszugeben, weil gerade Kindergeburtstagsparty ist und der bestellte Clown ausfällt, ist sinnvoll; das ganze Geld für Eiscreme auszugeben, wenn die Kinder Hunger haben, ist sinnlos (egal, was die Kinder behaupten). Auf Deutsch ist es ähnlich – macht jemand was Unvernünftiges oder gar Unsinniges, fragt man: „Bist du von Sinnen?" *Come to your senses,* sagt man auf Englisch (Komm zur Vernunft!). Wer sinnvolle Entscheidungen trifft, verfügt über *common sense* – einen „gesunden Menschenverstand".

Das erklärt den für Millionen deutscher Schüler verwirrenden Titel von Jane Austens bekanntestem Roman. Im Original heißt das Buch „Sense and Sensibility", das bedeutet nicht, wie oft übersetzt wird „Sinn und Sinnlichkeit", sondern „Vernunft und Empfindsamkeit". Es umschreibt folgenden Konflikt: Soll ich den reichen Schnösel heiraten – was ja eigentlich sinnvoll wäre – oder den Typen, der mir das Herz gestohlen hat? „Kopf und Bauch" wäre richtiger gewesen. Dummerweise klang das auf Deutsch nicht ganz so poetisch wie „Sinn und Sinnlichkeit", also nahm man den blumigen, weniger sinnvollen Titel.

Apropos Jane Austen: Ein Film über ihr Liebesleben trug letztens den Titel „Becoming Jane".

BECOME

Ich werde und werde nicht geworden

Der arme Jochen. Alle, aber auch wirklich alle waren gegen ihn.

Wir saßen in einem schummrigen, nach altem Rauch stinkenden Irish Pub, und er stand stolz hinter der Theke. Er hatte einen Freund überzeugt, dass aus ihm noch ein guter Barkeeper werden könnte, und hielt sich bereits seit einer Woche wacker am Zapfhahn. Allerdings war das keine allzu große Herausforderung, weil der Irish Pub, einst der Nachbarschaftstreff schlechthin, meistens leer war. Also saßen wir drei Kumpel aus reiner Solidarität bei ihm an der Bar, und Jochen schenkte uns großzügig vom besten Whisky seines Chefs ein. Sich selbst schenkte er ebenfalls ein. Das war sein erster Fehler.

Sein zweiter Fehler bestand darin, dass er genug Englisch konnte, um zu wissen, dass „werden" auf Englisch öfters mal mit *will* übersetzt wird, jedoch nicht genug, um zu wissen, dass es nicht immer *will* heißt.

Sein dritter Fehler: Jochen liebt deutsche Sprichwörter. An sich ist das kein Fehler, nur in Kombination mit den anderen beiden, denn plötzlich kam er auf die Idee, uns auf Englisch einen tollen geflügelten deutschen Spruch beizubringen: *„Who wills nothing, will bartender."* Er stockte. Er dachte nach. Seine Augenbrauen zogen sich zusammen. Er blickte uns, die wir Deutsch konnten und das Sprichwort „Wer nichts wird, wird Wirt" sehr gut kannten, wieder an und sagte: „Das kann nicht sein, oder?"

Wir schüttelten traurig den Kopf: Nein, das kann nicht sein. Das Wort, was er suchte, war *become*. Das deutsche Wort „werden" lässt sich nämlich nicht nur mit *will* übersetzen, sondern auch mit *become*. *Will* weist ganz einfach in die Zukunft, mehr nicht. *Become* beschreibt hingegen einen längeren Prozess der Veränderung, einen Werdegang, ein „Werden" eben:

> Jochen wird Wirt. = *Jochen is becoming a bartender.*

Leider funktioniert der schöne Spruch „Wer nichts wird, wird Wirt" auf Englisch einfach nicht, auch nicht mit *become*: *He who becomes nothing will become a bartender.* Nee, bei aller Liebe, das geht wirklich nicht.

Become wird oft mit einem Beruf oder gar einer Berufung verbunden:

> *Jochen wanted to become a bartender, but he ended up becoming a politician.* = Jochen wollte Barkeeper werden, stattdessen wurde er Politiker.
> *Tell me how you became a politician and I'll tell you how I became a prostitute.* = Sag mir, wie du Politiker wurdest, und ich sage dir, wie ich Prostituierte wurde.

Allerdings sollte man sich vor *become* etwas in Acht nehmen, denn das Wort wird immer weniger benutzt. Stattdessen verwenden wir jetzt *get*:

> *It's becoming cold. = It's getting cold.*
> *Jochen is becoming desperate for a good job. = Jochen is getting desperate for a good job.*

Auch ein Rockkonzert oder ein Streit zwischen Ehepartnern, der sich gerade in der Vorstufe zur Eskalation befindet, wird immer seltener mit *It's going to become loud* kommentiert, sondern eher mit *It's going to get loud.*

Die Beatles haben 1967 in ihrem Lied „Getting Better" das Wort *becoming* ganz weggelassen:

> *„I've got to admit it's getting better,*
> *It's a little better all the time (...)*
> *It's getting better since you've been mine."*

Und ein Junge, der, wenn er groß ist, Astronaut, Polizist oder gar Wirt werden will, lässt den zweiten Teil des Wortes, das *-coming*, ganz einfach weg: *Daddy, daddy, I want to be a bartender when I grow up! Become* wird scheinbar langsam entbehrlich. Dennoch kommt es nicht völlig aus der Mode. Nein, es nimmt nur eine neue, ehrwürdigere Stellung ein, die ausgedienten, respektierten Wörtern vorbehalten ist: *become* wird poetisch.

> *Remember, my obstinate child, every caterpillar must soon become a butterfly.* = Denk daran, mein störrisches Kind, jede Raupe wird unweigerlich zum Schmetterling.

Eine Sonderstellung als philosophisches Wort hat *becoming* sowieso schon lange. Der griechische Philosoph Heraklit von Ephesos entwickelte die Idee des *becoming* und umschrieb sie:

> *Everything flows, nothing stands still.* = Alles fließt, nichts bleibt stehen.

In Hegels philosophischen Werken wird der Begriff „Werden" mit *becoming* übersetzt, und im Buddhismus bedeutet „Bhava" die Kontinuität des Seins über Leben und Tod hinaus – was das im praktischen Leben heißt, weiß ich nicht, die englische Übersetzung ist jedenfalls *becoming*.

Und Jochen? Er hatte seine Stelle als Barkeeper nicht lange inne. Das lag allerdings nicht daran, dass er mit uns das ganze Inventar weggetrunken hätte. Nein, die Kneipe wurde sogar einen Tag, bevor er gefeuert wurde, geschlossen – was er ziemlich unfair fand. Denn er hatte vorgehabt, sich im Falle eines Bankrotts mit dem restlichen Inventar zu trösten. Nein, die Zeit der Irish Pubs war einfach vorbei:

> *The Irish Pub is quickly becoming a relic of Germany in the eighties.* = Der Irish Pub wird immer mehr zu einem Relikt aus dem Deutschland der 80er.

SPIEL, GAME, GAMBLE, PLAY

Das Leben ist ein Spiel

Philosophiert man über das Leben, kommen dabei meist nur sehr gewichtige Gedanken heraus: Ist der Sinn des Daseins die Liebe, ein rechtschaffenes Leben, Gott zu finden oder gibt es überhaupt einen Sinn? Das alles ist nicht leicht zu beantworten. Und so ernsthaft obendrein. Was für eine Erleichterung, wenn dann einer sagt: „Ach was, das Leben ist bloß ein Spiel."

Die Erste, die das erkannte, war angeblich Christine, Königin von Schweden, die diese Weisheit schon im 17. Jahrhundert von sich gab. Was genau meinte sie damit? Dachte sie bei „Spiel" an „Sport" oder „Gesellschaftsspiel": Man strengt sich an, aber im Endeffekt geht es eigentlich um nichts? Oder bedeutete es für sie „Schauspielerei" – jeder macht jedem nur was vor? Oder assoziierte sie mit „Spiel" gar das „Glücksspiel"? Man setzt im Leben alles ein, über den Ausgang entscheidet letztendlich jedoch das Glück? Mit anderen Worten: Meinte sie mit „Spiel" *game, play* oder *gamble*? Oder gar *spiel*?

Doch, doch, das Wort *spiel* gibt es auch auf Englisch. Hätte Christine geglaubt, das Leben sei ein „einziges Blabla", eine „völlig abwegige Geschichte" oder gar ein „bestrickendes Verkaufsgespräch", hätte sie wohl das englische Wort *spiel* benutzt. Dieses Wort kam mit den jüdischen Einwanderern aus dem Deutschen ins Englische – Jiddisch ist ja bekanntlich eine germanische Sprache.

Heute bedeutet *spiel* (auch *speel* oder *spihl* geschrieben) eine mit mehr Lust und Leidenschaft als Glaubwürdigkeit vorgetragene Rede, ein Beschwatzen und Bezirzen – so was wie eine Masche. Man kann es manchmal sogar mit „Spielchen" übersetzen. Wenn Sie in einem Geschäft an einen besonders aufdringlichen Verkäufer geraten, der Ihnen den Arm um die Schulter legt und Sie mit Argumenten zulabert, die er schon tausendmal gebracht hat – und zwar erfolgreich –, dann gibt er Ihnen sein *spiel*. Ein Komiker auf der Bühne hat sein eigenes *spiel*, der routinierte Draufgänger in einer Singlekneipe ebenfalls und ein Politiker sowieso. Als Barack Obama sein Volk im Sommer 2010 über das Ausmaß des BP-Öllecks (Ölauslauf = *oil spill*) im Golf von Mexiko mit wenig glaubwürdigen Argumenten beruhigen wollte und es etwas verhalten darauf reagierte, titelte eine britische Zeitung:

> „*No gushing over Obama's oil spill spiel*"[6] = Keine Begeisterungsstürme für Obamas Ölleck-Spielchen

Allerdings ist es wenig wahrscheinlich, dass Christine von Schweden des Jiddischen mächtig war.

Life is a game

Von den vielen möglichen Übersetzungen des deutschen Wortes „Spiel" ist die häufigste wahrscheinlich *game*. Ist das Leben ein *game*? Aber klar doch: *The Game of Life*, auch einfach *Life* genannt, ist ein in Deutschland wie in Amerika beliebtes Spiel, bei dem die Spieler diverse Phasen des Lebens von der Kindheit bis zum Tod durchmachen: das Spiel des Lebens.

Ein *game* ist ein Brettspiel *(board game)*, ein Gesellschaftsspiel *(party game)*, ein Fußballspiel (*soccer* beziehungsweise *football game*), ein Pokerspiel (*poker* beziehungsweise *card game*) und heutzutage überdies ein Computerspiel (*video game* beziehungsweise *computer game*). Seit es Computerspiele gibt, haben wir ein neues Wort für denjenigen, der sie gerne spielt: *gamer*. Weil Spiel und Sport so eng mit der menschlichen Natur verknüpft sind, steht *game* ebenfalls als Sinnbild für das Leben:

> *Life is but a game.* = Das Leben ist nur ein Spiel.
> *for the love of the game* = aus Liebe zum Spiel
> *at the top of his game* = auf dem Höhepunkt seines Könnens
> *I'm game.* = Ich bin zu allem bereit.

Ist das Leben ein Spiel, schwingt natürlich immer mit, dass es eben nur spielerisch zu verstehen ist: Es gibt zwar Gewinner und Verlierer, wer allerdings dabei Spaß gehabt hat, hat niemals wirklich verloren.

> „*The score never interested me, only the game.*" = Der Spielstand hat mich nie interessiert, nur das Spiel an sich. (Mae West, amerikanische Sexikone)
> „*It's the game of life. Do I win or do I lose? One day they're gonna shut the game down. I gotta have as much*

> *fun and go around the board as many times as I can before it's my turn to leave."* = Es ist das Spiel des Lebens. Gewinne oder verliere ich? Eines Tages wird es zu Ende sein. Ich will so viel Spaß haben und so viele Runden auf dem Brett drehen, wie ich kann, bevor ich aussteigen muss. (Tupac Shakur, ermordeter Rapper)

Und ehrlich gesagt: Das Leben hat so viele Auf und Abs – verliert man heute ein Spiel, kann man es beim nächsten Mal ja wieder gewinnen. Es sei denn, man ist vor dem nächsten Spiel bereits tot.

> *„We didn't lose the game; we just ran out of time."* = Wir haben das Spiel nicht verloren, uns hat bloß die Zeit nicht gereicht. (Vince Lombardi, Football-Trainer – der amerikanische Sepp Herberger)

Life is a play

Vielleicht meinte Christine nur, dass jeder im Leben eine Rolle zu spielen hat, denn „Spiel" bedeutet auch „Schauspiel". Will eine Dame abends zum *play* gehen, denkt sie an kein Fußballspiel, sondern an „Macbeth". Ein „Schauspiel" auf einer Bühne *(stage)* ist kein *game*, sondern ein *play*:

> *Macbeth is a great play, baby, but even Shakespeare wouldn't miss the Germany-Brazil game.* = Macbeth ist ein großartiges Schauspiel, Baby, aber nicht mal Shakespeare würde das Spiel Deutschland gegen Brasilien verpassen.

Den Spruch „Das Leben ist ein Schauspiel" gibt es zwar nicht ... dennoch beschrieb Shakespeare dies bereits vor vier Jahrhunderten in seinem Stück „Wie es euch gefällt":

> *„All the world's a stage,*
> *And all the men and women merely players;*

They have their exits and their entrances;
And one man in his time plays many parts ..."[7]

Mit *parts* meinte Shakespeare übrigens „Rollen", und zwar rechnete er aus, dass der durchschnittliche Mensch sieben Rollen in seinem Leben spielt:

> 1. *the mewling and puking infant* (das jammernde, spuckende Baby)
> 2. *the whining, unwilling school-boy* (der weinerliche, lustlose Schüler)
> 3. *the lover, sighing like furnace* (der Liebhaber, seufzend wie ein heißer Ofen)
> 4. *the soldier, full of strange oaths, jealous in honour, quick in quarrel, seeking the bubble reputation* (der Kämpfer, in fremden Sprachen fluchend, süchtig nach Ehre, schnell zum Streit bereit, stets der Illusion des Ruhms nachjagend)
> 5. *the justice, with round belly, eyes severe, full of wise saws* (der Richter mit rundem Bäuchlein, ernsthaftem Blick und voller Besserwisser-Weisheiten)
> 6. *the pantaloon with spectacles on nose, his big manly voice turning again toward childish treble* (der Pantoffelheld mit Brille auf der Nase, die volle männliche Stimme mehr und mehr ein kindliches Pfeifen ...)
> 7. *the second childhood ... sans teeth, sans eyes, sans taste, sans everything* (die zweite Kindheit, ohne Zähne, ohne Augen, ohne Geschmackssinn, ohne alles)

Life is a gamble

Oder dachte Christine doch eher an das „Glücksspiel"? Wer hat sich nicht schon mal gefragt: Wieso habe ich, der ich so intelligent und fleißig bin, weniger Erfolg als dieser gut aussehende Faulpelz da? Man kann sich noch so sehr anstrengen –

ob man letztendlich dafür belohnt wird, ist reine Glückssache, denn das Leben ist ein *gamble*.

> *"Life will always remain a gamble, with prizes sometimes for the imprudent, and blanks so often to the wise."* = Das Leben wird immer ein Glücksspiel bleiben, mit manch Gewinnen für die Narren und – so oft – Nieten für die Weisen. (Jerome K. Jerome, Autor von „Drei Mann in einem Boot")

Das Glück kann manchmal so ungerecht und grausam sein, dass einem der Schreck in die Glieder fährt, wenn man nicht zu den Gewinnern gehört:

> *"Life is a gamble at terrible odds; if it were a bet, you would not take it."* = Das Leben ist ein Glücksspiel, bei dem die Chancen so schlecht stehen, dass ich es nicht annehmen würde, wenn es eine Wette wäre. (Tom Stoppard, britisch-amerikanischer Autor)

Bei dieser Betrachtung kommt mancher zum Ergebnis, das Glück, welches einem selbst nur selten widerfährt, könne möglicherweise zu Gottes Plan gehören und erfordere eben Risikobereitschaft:

> *"Risk is a part of God's game, alike for men and nations."* = Risiko ist ein Teil von Gottes Spiel, für Menschen und Nationen gleichermaßen. (Warren Buffett, amerikanischer Spekulant und Milliardär)

Man sagt, Frauen wären weniger risikobereit als Männer ... es kann aber auch sein, dass sie einfach andersartige Risiken eingehen:

> *"Women's total instinct for gambling is satisfied by marriage."* = Jeglicher weibliche Instinkt für Glücksspiel wird durch die Ehe mehr als befriedigt. (Gloria Steinem, Ikone der amerikanischen Frauenbewegung)

Doch den schönsten Spruch – über *gambling* und das Risiko notwendiger, aber ungewisser privater oder geschäftlicher Investitionen – hörte ich in Cannes, wo ich als Reporter mit dem Produzenten Arnon Milchan („Brazil", „Pretty Woman", „Natural Born Killers") an einem Tisch sitzen durfte. Danach gefragt, was er bei einem Flop tun würde, erwiderte er:

> *„You don't lose the game until you leave the casino."* = Du hast das Spiel nicht verloren, bis du das Casino verlässt.

Was meinte nun Christine von Schweden, als sie sagte, das Leben sei ein Spiel? Im Deutschen braucht man diese Frage gar nicht zu stellen, denn ein „Spiel" ist immer ein „Spiel". Im Englischen muss man sich allerdings entscheiden: Dachte sie dabei an ein jiddisches *spiel*, ein *game* mit Regeln, Gewinnern und Verlierern, ein *play* auf der Bühne oder doch an ein *gamble*, bei dem es um Risiko und Einsatz geht?

Vollständig heißt der älteste mir bekannte Spruch über das Spiel des Lebens: „Das Leben ist ein Spiel. Man macht keine größeren Gewinne, ohne Verluste zu riskieren." Demnach war die Königin von Schweden wie so viele Politiker im Grunde ihres Herzens ein *gambler*.

Komm spielen!

Das Verb *play* ist ebenso schön wie erschreckend vielfältig. Es steckt voller kindlichem Spaß und souveräner Sorglosigkeit und ist wie im Deutschen sehr flexibel einsetzbar. Was kann man auf Englisch denn so alles „spielen"? Jede Art von Gesellschaftsspiel natürlich, manche (Mannschafts-)Sportarten, eine Rolle oder ein Musikinstrument, sogar mit sich selbst oder den Herzen anderer kann man spielen.

Zu Shakespeares Zeiten beispielsweise hießen die Schauspieler noch *player*. Das hat sich inzwischen geändert:

Heute spielen *players* nur noch in *games*: Es gibt *poker players, soccer players* und *monopoly players*. Ein *game player* kann jemand sein, der Spiele spielt, aber auch ein manipulativer Mensch, für den menschliche Beziehungen nur ein Spiel sind. *Watch out for Bob – he's a game player. He'll break your heart.*

Im übertragenen Sinne kann man ebenfalls ein Spieler sein. Jemand, der im gesellschaftlichen, politischen oder wirtschaftlichen Leben auf höchstem Niveau dermaßen mitmischt, dass er das Spiel bestimmt, ist ein *major player* oder gar ein *global player*:

> *Wim Wenders may be an important artist, but Steven Spielberg is a major player.* = Wim Wenders mag zwar ein wichtiger Künstler sein, aber wenn Steven Spielberg den Mund aufmacht, hören die wirklich wichtigen Leute zu.

Was *players* heute nicht mehr tun, ist, auf der Bühne zu spielen. Das übernehmen der *actor* und die *actress*:

> *Marlon Brando is a great actor, when he's not playing around.* = Marlon Brando ist ein großartiger Schauspieler, wenn er keine Faxen macht.

Und was ein *actor* auf der Bühne betreibt, ist nicht *playing*, sondern *acting*:

> *I found his acting so realistic, I thought he wasn't acting at all.* = Ich fand seine Schauspielerei so realistisch, dass ich schon dachte, er spielt gar nicht mehr.

Und falls eine *actress* oder eine andere zur Dramatik neigende Person sich außerhalb der Bühne exzentrisch aufführt, dann „spielt" sie auch – finden wir:

> *She's acting as if she owns the place.* = Sie führt sich auf, als ob sie hier der Chef ist.

> *He's acting crazy.* = Er spielt verrückt beziehungsweise er dreht durch.

Die einzige Ausnahme ist hier die „Rolle". Geht es nicht ums Schauspielern im Allgemeinen, sondern um eine spezielle Rolle, kommt das veraltete Shakespeare'sche *playing* wieder ins Spiel:

> *I played Macbeth in London.* = Ich spielte Macbeth in London.
> *I played the fool for that woman too long.* = Zu lange habe ich für diese Frau den Narren gespielt.

FUNNY

Das ist nicht witzig! Aber es macht Spaß

Haben Sie sich je gefragt, was der Markenname funny-frisch bedeutet? Mich als Amerikaner verwirrt er: „Witzig-frisch?" Was ist so witzig an Chips? Vielleicht geht es ja um Chips, die einem schnell noch ein paar Scherze erzählen, bevor man sie verschlingt? Das wäre ja verdammt gefährlich – was ist, wenn man sich dabei vor Lachen verschluckt?

Kurz entschlossen rief ich bei funny-frisch an und fragte bei einer Dame aus der Presseabteilung nach. Zwar hat die Firma ihres Wissens nach den sprachwissenschaftlichen Hintergrund nie gezielt erforscht, sie vermutete aber, dass der Otto Normal-Chips-Genießer *funny* als „Spaß" interpretiert: „Chips haben auch was mit Spaß zu tun, man verbindet sie mit Freizeit und Genuss und Lebensgefühl." Allerdings hatte die Entscheidung, die Firma funny-frisch zu nennen, weniger mit Vermarktung zu tun als mit der unheilvollen deutschen Liebe zu Kalauern: „1972 kam es zum Zusammenschluss zwischen den Snack- und Lebensmittelfirmen Chips frisch und Pfanni", erklärte sie. „Da überlegte man sich einen neuen Namen und jemand kam auf die Idee, die Firma statt pfanni-frisch einfach funny-frisch zu nennen."

Wahrscheinlich hat man sich dabei gedacht: Wenn *fun* im Deutschen „Spaß" bedeutet, muss *funny* „spaßig" heißen. Nun, es stimmt schon, dass wir manchmal dort ein „-y" ans Ende setzen, wo die Deutschen ein „-ig" anfügen – und schon wird aus einem Haupt- ein Eigenschaftswort. Jedoch nicht bei *fun* und *funny*. Diese Wörter sehen zwar ähnlich aus, sind es allerdings nicht. Sie sind total verschieden!

Fun ist alles, was „Spaß" macht, wie eine Überraschungsparty, ein Horrorfilm, Sonnenschein, guter Sex, gute Freunde, Fallschirmspringen, ein spontaner Ausflug, eine Achterbahnfahrt, Halloween, Disneyland und ein Picknick am Strand *(fun in the sun)*. Oder einem Freund, der gerade schwimmt, die Klamotten zu klauen: *That was fun!*

Ein Mann, der immer gute Laune hat und ständig was unternehmen will, ist ein lustiger Typ. Es macht viel Spaß, in seiner Nähe zu sein. *(He's a fun guy.)*

Jemand, der permanent rumnörgelt, ist das genaue Gegenteil: *You're no fun.* (Du bist ein Spaßverderber.)

Funny dagegen ist das, was einen spontan zum Lachen bringt. Ist Ihnen schon mal aufgefallen, dass man nicht über alles lacht, was Spaß macht? Lachen Sie in einem Horrorfilm? Lachen Sie beim Sex? Beim Sport? Man lacht nur über das, was „witzig" ist: *funny* bedeutet „witzig". Zum Beispiel, wenn einem der nasse, nackte Freund wütend hinterherwetzt und seine Hose zurückwill: *That was funny!*

Selbst ein Mann, der völlig depressiv den ganzen Tag auf der Couch herumsitzt, dabei aber messerscharfe, derbe, beleidigende und unglaublich komische Bemerkungen über alles und jeden von sich gibt, ist ein witziger Kerl *(a funny guy)*.

Auch ein Comedian, ein Clown, ein Film, ein Lied, eine Anekdote, ja sogar ein Knochen kann witzig sein – jedoch nur wenn es der *funny bone* ist, der „Musikantenknochen".

Sie werden jetzt vielleicht sagen, dass wir es aber genau nehmen mit unserem Spaß, und einwenden, eine Tortenschlacht könne doch genauso *fun* (die Aktion) wie *funny* (der Anblick) sein. Ich muss zugeben, da gibt es schon Überschneidungen. Diese zu erkennen, ist allerdings nicht das Problem. Es geht eher darum, ein Gefühl dafür zu kriegen, was genau den feinen Unterschied ausmacht. Meiner schönen Nachbarin, die in einer schicken Bar arbeitet, hilft dabei immer dieses Bild: Eine Menge Leute halten Alkohol für *fun* und noch mehr Leute sich selbst für *funny*, sobald sie alkoholisiert sind. Dass Alkohol Spaß machen kann, wird keiner bestreiten, aber wer je in nüchternem Zustand den Witzen eines Betrunkenen lauschen musste, weiß, dass das nicht besonders komisch ist. Dies ist der Unterschied zwischen Spaß und Komik – zwischen *fun* und *funny*.

Jeder hat schon Situationen erlebt, in denen *funny* nicht mehr *funny* ist. Genau wie „komisch" im Deutschen kann *funny* auch „eigenartig" oder „seltsam" bedeuten: Wenn die Milch ein wenig komisch schmeckt, ist das nicht witzig, trotzdem sagt man: It tastes *funny*.

Manchmal kommt *funny* auch ironisch-nachdenklich daher:

> *Funny how life is so strange.* = Komisch, wie das Leben so spielt.

Meist aber bedeutet *funny* einfach „witzig". Falls Sie unsicher sind, was wirklich witzig ist und was nicht, machen Sie sich nichts daraus: Sie sind nicht allein. Unter Komikern ist das Thema ein Dauerbrenner. Manche glauben, dass bestimmte Wörter an sich schon witzig sind – man nennt sie *inherently funny words*. Die gibt es in jeder Sprache der Welt: beispielsweise Schnickschnack, Kuddelmuddel, Pudelmütze oder Schabernack. Das sind Wörter, die man sicherlich nicht in einer Ansprache bei einer Trauerfeier verwenden würde, oder?

Der amerikanische Schauspieler W. C. Fields hielt die englischen Begriffe *kumquats, garbanzos* (Kichererbsen) und *gua-*

camole für *inherently funny*. Von Fields stammt ebenfalls der klassische Ausdruck *suffering succotash!* (Heiliger Maisbohneneintopf!). Der Komiker George Carlin nannte diese Gerichte später *too funny to eat* (zu witzig zum Essen).

Was ein *inherently funny word* nun ist, wird unter Komikern heiß diskutiert, aber einige Wörter sind so einstimmig als *inherently funny* anerkannt, dass ich sie guten Gewissens weitergeben darf. Sie reichen von eigentlich normalen Wörtern – *chutney, didgeridoo, hockey puck, monkey, muffin, sombrero,* sogar *cookie* – bis hin zu den Exoten:

> *aardvark* (Erdferkel)
> *balderdash* (Kokolores)
> *bamboozle* (reinlegen)
> *flabbergast* (verblüffen)
> *flapdoodle* (dummes Geplapper)
> *hoopla* (Aufregung)
> *hullabaloo* (Spektakel)
> *kerfuffle* (Balgerei)
> *lollygag* (Zeit verplempern)
> *palooka* (ein Boxer, der zum Verlieren prädestiniert ist)
> *rigmarole* (Gedöns)
> *rutabaga* (Steckrübe)
> *shenanigans* (Faxen, Mumpitz)
> *thingamajig* (Dingsbums)
> *tiddledywinks* (Flohhüpfspiel)
> *whangdoodle* (Fantasiekreatur)
> *whatchamacallit* (Dingsda)

Besonders interessant an dieser Liste finde ich, dass die meisten deutschen Entsprechungen ebenfalls als *inherently funny* gelten.

Viele angloamerikanische Komiker schwören auch auf Wörter mit reichlich harten Konsonanten. Ahnen Sie was? Das ist der Grund, warum sich so viele deutsche, jiddische und skandinavische Begriffe auf Listen von *inherently funny words* tummeln:

angefangen bei *sauerkraut* über *putz* (jiddisch für „Dussel") bis hin zu *smorgasbord*. Und den germanischen „sch"-Laut setzen wir gern ein, wenn etwas besonders doof ist. Wir wiederholen das Wort mit einem „schm"-Laut davor: zum Beispiel *Ödipus schmödipus* als amerikanisch-pragmatische Reaktion auf europäischen Firlefanz wie die Theorien Sigmund Freuds.

Falls Sie auf einer Party punkten wollen, auf ein paar bewährte *inherently funny words* kann man sich immer verlassen:

> *I'm flabbergasted by this babushka's artsy-fartsy buttocks!* = Also das künstlerisch angehauchte Hinterteil dieser Tussi haut mich um.

Oder:

> *My Labradoodle was discombobulated by that hockey puck!* = Mein Labrador-Pudel war völlig durch den Wind nach seiner Begegnung mit dem Hockeypuck!

Erzählen Sie von Ihren Lieblingsspeisen: *Pudding, pumpernickel, sauerkraut and wiener schnitzel!*

Kommentieren Sie das Unterhaltungsprogramm:

> *That pip-squeak with his monkey gives me the heebie-jeebies!* = Bei diesem Winzling mit seinem Affen rollen sich mir die Zehennägel hoch!

Oder kritisieren Sie den Kellner:

> *Hey, whippersnapper, don't try to bamboozle me with this banana!* = He, du Halbstarker, versuch nicht, mich mit dieser Banane reinzulegen!

Die Aufmerksamkeit der anderen Gäste wird Ihnen gewiss sein! Allerdings möchte ich Sie der Fairness halber darauf hinweisen: Die meisten dieser Begriffe kommen ganz normalen Menschen nur unter äußersten Umständen über die Lippen.

Ein „Hä?"! Ein **Königreich** für ein „Hä?"!

Ich spreche aus eigener Erfahrung, wenn ich sage: Es ist tatsächlich möglich, ein Leben lang Blödsinn zu reden, ohne dass es irgendwem auffällt. In einer Fremdsprache geht das besonders gut. Gar nicht so selten passiert nämlich Folgendes: Keiner merkt, dass Sie etwas ganz anderes sagen wollten, als der Zuhörer tatsächlich verstanden hat.

Nehmen wir Jochen in unserem New-York-Urlaub, der sich mit mir in der berühmten Bar „Bull & Bear" im Hotel „The Waldorf Astoria" treffen will. Als sein Taxi vorfährt, verkündet er dem Taxifahrer höflich: *„I would like to pay in bar."*

„In the bar?", gibt der Taxifahrer ebenso höflich zurück. „Sie können in der Bar so viel Geld ausgeben, wie Sie wollen, aber aus diesem Taxi kommen Sie nicht eher raus, bis Sie Ihren *cash* rausgerückt haben."

Der Taxifahrer machte keine Witze. Er hatte Jochens Satz verstanden – nur anders, als Jochen ihn gemeint hatte. Jochen meinte *cash*, sagte allerdings *bar*. Hätte er einen anderen Fehler gemacht, einen, der klar als Fehler erkennbar gewesen wäre, so hätte der Taxifahrer wahrscheinlich folgendermaßen reagiert: „Ach, du meine Güte! Sie sind ja fremd in New York! Wie reizend! Wiederholen Sie doch, was Sie gerade gesagt haben, und ich bin sicher, wir finden gemeinsam heraus, was Sie meinen."

Es handelt sich hier um einen typischen „getarnten Versprecher". So nenne ich diese gemeinen kleinen Begriffe, die für alle Beteiligten richtig klingen, für Sprecher und Zuhörer jedoch was ganz anderes bedeuten. Wer Fremdsprachen lernt, ist gelegentlich dankbar, wenn Muttersprachler ihn auf Fehler hinweisen. Bei „getarnten Versprechern" kriegt allerdings kein Mensch mit, dass eine Korrektur überhaupt angebracht ist. In manchen Sprachlernbüchern werden sie *false friends* genannt, weil sie sich zwar richtig anhören, dennoch nicht korrekt sind – so wie *become* sich nicht als „bekommen" übersetzen lässt.

So etwas kommt in jeder Fremdsprache vor. Jahrelang habe ich als Amerikaner auf Deutsch zum Beispiel behauptet, ich sei politisch „liberal". Dafür erntete ich regelmäßig Hohn und Spott, und nicht selten ist bei politischen Gesprächen in meiner Gegenwart bedeutungsschwanger das Wort „FDP" gefallen. Bis mich endlich jemand aufklärte: „Du meinst wohl nicht ‚liberal', sondern ‚links'." Das war schon eine Überraschung, muss ich sagen. Auf Englisch nämlich bedeutet das Wort *liberal* „links" und *left* oder *leftist* „radikaler, gewissenloser Kommunist".

Sagen Sie „momentan" und die Leute reagieren darauf, als ob Sie „eigentlich" gesagt hätten? Sprechen Sie vom „Aufstehen" und werden gefragt, ob Sie schon aus dem Bett gekommen sind? Äußern Sie lediglich Ihre Meinung, werden aber plötzlich für spirituell gehalten? Dann benutzen Sie „getarnte Versprecher", ohne es bemerkt zu haben. Nur weil keiner jemals „Hä?" gesagt hat.

GET UP

Alle, die nicht rumliegen wollen, sollen rumstehen

Während der Rest der Welt sein Bett zum Liegen und Schlafen benutzt, lieben es die Deutschen, gelegentlich auf ihrem Bett herumzustehen.

Meistens frühmorgens: Sie richten sich auf und stellen sich auf das Bett. Was sie da machen, weiß ich nicht. Soweit ich feststellen konnte, nehmen sie ihr Frühstück nicht im Bett stehend ein, auch sonst scheinen sie nichts Besonderes zu tun. Zumindest könnte man das meinen, wenn man die Deutschen englisch reden hört: *„This morning I stood up at 6 a.m."*

„Wieso? Konntest du nicht länger sitzen?"

„Nein, nein", wird dann erklärt, *„ich habe geschlafen. Then I stood up."*

„Einfach so auf dem Bett stehen? Vor dem Kaffee? Ist das nicht anstrengend?"

Stand up hat rein gar nichts damit zu tun, sich frühmorgens aus dem Bett zu erheben. *Stand up* bedeutet einfach, sich aufrecht hinzustellen, egal, wie viel Uhr es ist und wo und wie man gerade herumlungert. Wer schläft und von seiner deutschen Frau zum *Stand up!* aufgefordert wird, rappelt sich hoch, steht dann – vermutlich im Pyjama – auf dem Bett und fragt sich: Was nu? Warum soll ich ausgerechnet hier stehen? Ist doch ein Bett.

Meine Empfehlung wäre: *get up*. Damit kommt man weiter. Es bedeutet „aufstehen" und erstreckt sich auf sämtliche morgendliche Tätigkeiten wie ins Bad schlurfen, Zähne putzen, duschen, anziehen, Kaffee machen, frühstücken, auf die Uhr gucken, in Panik geraten, aus der Tür stürzen, Auto suchen etc.

Allerdings kann man *get up* in weit weniger Situationen verwenden als das deutsche „Aufstehen".

Getting up kann man vom Bett oder vom Stuhl aus – das war's dann auch schon. *Get up if you're for Schalke* heißt nicht „Steh auf, wenn du für Schalke bist", sondern „Steig ausm

Bett, wenn du für Schalke bist". Hier muss man *Stand up if you're for Schalke* sagen.

Das deutsche „Aufstehen" hat sogar eine politische Dimension. Zum Beispiel, wenn man sich gegen Unrecht zur Wehr setzen will. Sehr schön ist das am 80er-Rock-Klassiker „Aufstehn" von Bots zu erkennen – hier kommt die Zeile vor: „Alle, die gegen Atomkraftwerke sind, sollen aufstehen." Interessanterweise ziert das Cover ein Schlafzimmer, in dem ein Mann gerade aufgestanden ist, während vor seinem Fenster auf der Straße eine Demonstration vorüberzieht. Ein Kalauer also, der im Englischen gar nicht möglich ist.

Für derartige rebellische Botschaften müssen wir im Englischen auf *stand* (aber ohne jeden Bezug zu morgendlichen Ritualen) zurückgreifen. Mit *stand* verbinden wir meistens etwas Heldenhaftes: *Make a stand* bedeutet „Widerstand leisten" oder auch „für etwas einstehen".

> Stephen Kings Roman „The Stand" erzählt von Überlebenden, die nach einer weltweiten Katastrophe gemeinsam um ihr Leben kämpfen.
>
> „I'm Still Standing" (Ich stehe immer noch) singt Elton John, um zu beweisen, dass er trotz anderslautender Vorhersagen bisher jede Krise „überstanden" hat.
>
> *„Stand up for your rights"* (Steh auf und verteidige deine Rechte) sang Bob Marley in seinem Lied „Get up, Stand up"...
>
> ... und die Beastie Boys erwiderten: „You Gotta Fight for Your Right to Party!"
>
> „Stand and Be Counted" (Steh auf und zeig, dass auch du für die gerechte Sache einstehst) sangen Crosby, Stills, Nash & Young sowie Joan Baez, Jackson Browne und zahllose andere Rockrevoluzzer, die wahrscheinlich heute noch nicht wissen, dass der Spruch zum ersten Mal vor etwa hundert Jahren in einem Ku-Klux-Klan-Lied zum Einsatz kam.

STAY

Wer zu lange bleibt, den bestraft das Leben

Ach, Jochen! Müssen wir uns denn immerzu streiten? Die schlimmste Auseinandersetzung, die wir je hatten, drehte sich um einen Sitzplatz. Es war noch während des Studiums in München, in irgendeiner schicken, neuen Bar. An der Theke saßen zwei junge Damen. Neben ihnen: ein freier Hocker. Nur einer von uns konnte sitzen, der andere musste stehen. Und eines war natürlich klar: Derjenige, der saß, hatte mit seinem Privileg die heilige, unabdingbare Verpflichtung, die Damen anzusprechen.

Nun ist Jochen unter weniger bedrohlichen Umständen eher selbstsicher, teilweise sogar anmaßend. Doch in Anwesenheit schöner Frauen wird er schüchtern wie ein Kind. Er saß da wie versteinert und brachte kein Wort über die Lippen – die Damen kicherten schon. Ich sah unsere Chancen schwinden. Endlich machte er einen Vorschlag, der mich noch mehr verwirrte: *„You sit, I will stay."*

„Wenn du bleibst, wo du bist, wo soll ich dann sitzen?"

„No, no", flüsterte er eindringlich, *„you do not understand – I stay, you sit."*

Es war spät. Wir waren beide ein wenig angetrunken. Und die Damen rollten schon mit den Augen in dieser frustrierend genüsslichen Art, die Frauen an sich haben, wenn sich Männer vor ihnen zum Deppen machen. Ich bestand darauf, dass Jochen aufstand, er beharrte darauf zu bleiben. Wir wurden lauter, bis er endlich auf Deutsch sagte: „Herrgott noch mal, verstehst du denn gar nichts? Du sitzt, ich stehe."

„Warum hast du das nicht gleich gesagt?", zischte ich ihn an.

„Das habe ich doch gesagt! *You sit, I stay!*"

„Du bist ein Idiot! *I stay* heißt ‚Ich bleibe'!"

„Du bist der Idio ... Verdammt! Wo sind die beiden Hübschen?"

Die Hübschen waren weg. Ich wusste nichts mehr zu sagen als: *„Now we can both sit."*

Stay heißt nicht „stehen", sondern „bleiben". Jeder weiß das, auch Jochen. Allerdings hören sich die Begriffe so ähnlich an, dass man sie in der Hitze des Gefechts gerne mal verwechselt. Denken Sie an das Lied „Stay – Just a Little Bit Longer" von Maurice Williams and the Zodiacs (beziehungsweise von The Hollies, Jackson Browne und aus „Dirty Dancing"), in dem der damals 15-jährige Williams tapfer versuchte, ein Mädchen zum Bleiben zu bewegen:

> *„Well your mama don't mind (bop-bop-shu-waddah-wah)*
> *And your papa don't mind (bop-bop-shu-waddah-wah)*
> *If we have another dance,*
> *Just one more time*
> *Oh won't you stay,*
> *just a little bit longer?"*

Stellen Sie sich vor, Williams hätte gesungen:

> *„Oh won't you stand,*
> *just a little bit longer?"*

Das hätte doch geklungen, als ob das Mädchen zu betrunken gewesen wäre, um noch gerade stehen zu können. So werden keine Hits gemacht, Junge.

ACTUAL

Meine Liebe könnte nicht aktueller sein

Schon erstaunlich, was man mit „getarnten Versprechern" alles anrichten kann. Es soll Menschen geben, die aufgrund eines Missverständnisses geheiratet, eine Familie gegründet und ihr Glück gefunden haben. Bei mir war es genau umgekehrt. Ich kann aus bitterer Erfahrung berichten, dass ich nie wieder einer

Deutschen eine Liebeserklärung machen werde, in der das Wort *actual* vorkommt. Lang ist es her – ich war jung und unerfahren sowohl in der Liebe als auch im Deutschen –, aber ich liebte meine allererste deutsche Freundin Steffi sehr. Ich lernte sie auf einer Unifete in München kennen, als sie gerade Jochen abblitzen ließ. Es war eine dieser Beziehungen, in denen man sich ständig neckt. Ich machte mich gerne über ihre stets verschiedenfarbigen Socken lustig, und sie tadelte gutmütig meine Farbenblindheit. Eines Tages reichte mir das nicht mehr. Ich wollte sie heiraten und für immer mit ihr zusammen sein:

„Steffi, I used to pretend that I don't care, but actually I love you." (Ich tue immer so, als ob es mir egal sei, aber in Wahrheit liebe ich dich.)

Sie schaute mich spöttisch an: „Ach ja? Aktuell liebst du mich also gerade? Liebe ist für dich wohl etwas, was man an- und ausknipsen kann wie eine Nachttischlampe?"

„But Steffi, I'm serious! I actually do love you!" (Ich mein's ernst! Ich liebe dich wirklich!)

„Was für eine billige Nummer." Sie schüttelte den Kopf. „Nicht mit mir, Baby. Leck mich am Arsch."

Es dauerte Jahre, bis mein gebrochenes Herz geheilt war. Erst später, als ich besser Deutsch konnte, begriff ich endlich, was sie verstanden hatte: Nicht „Ich liebe dich wirklich", sondern „Ich liebe dich momentan". Das englische Wort *actual* klingt nämlich wie das deutsche „aktuell", hat jedoch eine ganz andere Bedeutung: *actual* oder *actually* heißt „eigentlich", „genau genommen", „wirklich". Beispielsweise was die Uhrzeit betrifft:

> *We had a date for eight o'clock, but Eric didn't actually get there until nine.* = Wir waren für acht Uhr verabredet, aber Eric hat es genau genommen nicht bis neun geschafft.

In diesem Sinnzusammenhang kleben die Briten *actually* gerne ans Ende mancher Sätze:

Thank you so much for your ephemeral love, but I'd prefer a real relationship, actually. = Danke für deine flüchtige Liebe, aber genau genommen ziehe ich eine echte Beziehung vor.

Als ich zu Steffi sagte *I actually love you,* hieß das also „Ich liebe dich wirklich". Ach, hätte sie das nur gewusst!

EVENTUAL

Eigentlich nicht, aber eventuell schon

Viele Jahre, nachdem Steffi meine Liebeserklärung in den falschen Hals gekriegt hatte, sahen wir uns zufällig auf einem Unitreffen wieder und lachten über die alten Zeiten. Und dann erfuhr ich von einer Geschichte, die alles wieder wettmachte ... Sie war inzwischen nach Boston gezogen und hatte sich auf der Arbeit Hals über Kopf in einen Typen verguckt. Allerdings arbeitete er in einer anderen Abteilung – sie trafen sich immer nur im Aufzug, und Steffi hatte noch keinen Weg gefunden, ihn anzusprechen. Doch eines Tages befand sie sich drei Stockwerke lang allein mit ihm im Fahrstuhl und dachte sich: jetzt oder nie.

„*We could eventually get together*", sagte sie zu ihm.

„*I'd like that*", meinte er mit einem Schmunzeln, und ihr Herz raste schon. „Sagen wir, in einem Jahr? Oder in zwei Jahren? Ich weiß nicht, wie weit ihr Deutschen im Voraus plant. *Let's say, we'll get together if I'm not married and have five children by then.*"

Ihr sank der Mut: „*No no, I mean after work.*"

„*Oh! After work!*"

„*Yes, yes ... eventually?*"

Er runzelte die Stirn: „*After work eventually?*" So sehr er sich auch anstrengte, ihm fiel keine Antwort ein. Außerdem musste er aussteigen. „*I will think about it and eventually I will let you know my answer*", sagte er, und schon hatte sie ihre Chance vertan.

Während „eventuell" auf Deutsch „vielleicht" heißt, benutzen wir es im Englischen ganz anders. Es bedeutet „letzten Endes", „schließlich", „eines fernen Tages".

> *Eventually, Woody Allen will get tired of his 25-year-old lover.* = Eines Tages wird Woody Allen seiner 25-jährigen Geliebten schon noch überdrüssig werden.
> *If we just keep kicking the ball in the right direction, eventually we'll score a goal.* = Wenn wir nur immer wieder den Ball in die richtige Richtung treten, werden wir das Tor schließlich treffen.
> *Grandpa will eventually fall asleep and we can switch from Mickey Mouse to the Playboy Channel.* = Letzten Endes wird Opa einschlafen, dann können wir von Mickey Mouse wieder auf den Playboy Channel umschalten.

Was Steffi sagen wollte, war *maybe* oder *possibly*.

> Eventuell könnten wir nach der Arbeit mal zusammen ausgehen. = *Maybe we could have a drink after work sometime.*

„Steffi", sagte ich und schüttelte den Kopf, *„possibly you should rethink your romantic tactics towards men."*
  „Actually, you could be right", seufzte sie.

MEAN

Was meinen Sie mit „Ihrer Bedeutung"?

Sie stand allein an der Bar. Sie war jung und hübsch. Ich war immerhin auch jung. Und ich wollte Jochen beweisen, dass es gar nicht so schwer ist, eine Frau anzusprechen. Also lächelte ich sie an und startete die charmanteste Anmache, die ich im Repertoire hatte: „Na, was meinst du – wie stehen meine Chancen bei dir?"

Mit einem ebenso bezaubernden wie arroganten Lächeln antwortete sie mir auf Englisch: *„I mean you don't have any chance at all."*

Ich war von den Socken. Was meinte sie bloß damit? Der Satz hörte sich so bedeutungsschwanger wie rätselhaft an – vor allem wegen des kleinen Wörtchens *mean*. Es hat viele Bedeutungen, viel zu viele, die Auswahl überfordert einen. Wollte sie vielleicht sagen, dass sie „etwas vorhatte"? *Mean to* heißt „vorhaben":

> *I didn't mean to hurt you.* = Ich hatte nicht vor, dir wehzutun.

Im Hinblick auf die Vergangenheit handelt es sich oft um ein Vorhaben, aus dem nichts wurde:

> *I meant to call you and invite you over for a drink, but I was already drunk.* = Ich hatte vor, dich anzurufen und auf einen Drink zu mir einzuladen, aber ich war schon betrunken.

Ich hakte nach: „Sie meinen also damit, Sie hatten schon die ganze Zeit vor, mich anzusprechen, kamen aber bis jetzt nicht dazu?"

„*No*", sagte sie, „*I mean you don't have any chance at all.*"
Moment mal! Sie musste Mathematikerin sein!
Mean bedeutet nämlich auch „Mittelwert". Was der Unterschied zwischen *mean* (Mittelwert) und *average* (Durchschnitt) ist, weiß ich nicht, aber auf jeden Fall hat *mean* etwas mit Statistik zu tun:

> *The mean annual income in Germany is higher than in most other countries, but not as high as Eric's debts.* = Das mittlere Jahreseinkommen in Deutschland ist höher als in den meisten anderen Ländern, aber nicht so hoch wie Erics Schulden.

Es ist zwar etwas ungewöhnlich, dass eine Frau in einer Kneipe einen Satz mit den Worten „Ich Mittelwert" beginnt, doch es wäre nicht das erste Mal, dass eine Frau etwas sagt, was ich nicht verstehe. Also antwortete ich mit dem einzigen Spruch, auf den Wissenschaftlerinnen meines Wissens nach abfahren: „Baby, lass mich die Bruchteile der Sekunden ausrechnen, bis ich mit 99-prozentiger Wahrscheinlichkeit bei dir lande."

„No", sagte sie, „I mean you don't have any chance at all."

Also keine Mathematikerin. Ich rätselte weiter. Vielleicht wollte sie mich mit *mean* ja vorwarnen, dass sie ein echt gemeiner Mensch sei? *Mean* heißt schließlich auch „gemein" im Sinne von „niederträchtig". Zum Beispiel:

> *Breaking off our relationship with a text message was mean.* = Unsere Beziehung mit einer SMS zu beenden war gemein.

„Keine Sorge", sagte ich kompromissbereit, „selbst ich kann gemein sein, wirklich! Ich würde mir besondere Mühe geben!" Ich beugte mich vor und flüsterte: „Ich weiß nichts von S/M, aber ich bin lernfähig, oh Herrin."

„No", antwortete sie abermals, „I mean you don't have any chance at all."

Endlich hatte ich es kapiert. Mit *I mean* meinte sie „Ich bedeute". Denn das ist die häufigste und wichtigste Bedeutung von *mean*. Wenn Sie wissen wollen, was das Wort *mean* heißt, fragen Sie: *What does „mean" mean?* Sie würden folgende Antwort bekommen: *It means „mean".* (Es bedeutet „bedeuten".)

Der Monty-Python-Film „The Meaning of Life" wird übersetzt mit „Die Bedeutung des Lebens" – oder wie man auf Deutsch sagt „Der Sinn des Lebens". Genau das wollte mir die Dame sagen: Sie bedeutet. Da wusste ich, dass ich geschlagen war. Ich dachte, ich hätte eine ganz normale Frau aufgegabelt, und mit einer ganz normalen Frau hätte ich auch was anfangen können – selbst mit einer Sadomaso-Mathematikerin, man gewöhnt sich an alles. Aber eine mit Bedeutung? Stellen Sie sich vor, Sie begegnen Buddha in einer Kneipe und wollen ihn abschleppen. Glauben Sie wirklich, Sie kommen mit Buddha im Bett zurecht? Mit den Worten „*Life is so meaningless*" schlich ich mich davon. Erst später wurde mir klar – die Dame war Deutsche!

Die Deutschen stehen nämlich sehr oft im Irrglauben, *mean* hieße „meinen". Stimmt nicht. Es gibt zwar Fälle, in denen *mean* sehr ähnlich eingesetzt wird, dennoch heißt *mean* immer „bedeuten".

Aber was hätte die Dame an der Bar denn nun sagen sollen? Sie wollte ja ausdrücken: Ich meine, Sie haben keine Chance. Wie sagt man das? Man sagt es nicht. Auf Englisch sagt man seine Meinung ganz anders.

OPINION

Ich denke, das ist meine Meinung

Die Deutschen lieben ihre Meinung, wie sie ihren Kaffee und Kuchen lieben (und das nicht zu Unrecht, zumindest was den Kuchen angeht). Erwischt man einen Deutschen einmal ohne Meinung, ist das schlimmer für ihn, als ihm nackt auf offener Straße zu begegnen. Hierzulande spricht man von seiner Meinung wie eine Braut von ihrem frischgebackenen Ehemann. Ich wäre nicht sonderlich überrascht, demnächst zu hören: Und das ist nicht nur meine Meinung, es ist auch die Meinung meiner Meinung.

Englische Muttersprachler haben zwar ebenfalls eine Meinung – unsere *opinion* –, aber wir ziehen es vor, dass sie sich nicht aufspielt wie der Herr im Haus. Sätze wie die folgenden sind zwar grammatisch korrekt, wir sagen sie jedoch kaum:

> *I am of the opinion that* ... = Ich bin der Meinung, dass ...
> *In my opinion* ... = Meiner Meinung nach ...

Im Gegenteil: Wir haben sogar ein Wort für jemanden, der zu viel Wert auf seine eigene Meinung legt:

> *He is opinionated.* = Er ist rechthaberisch beziehungsweise er hat zu viel Meinung.

Während der Deutsche seine „Meinung" kundtut, stellt der Angloamerikaner eher seine „Gedanken" zur Verfügung:

> Meiner Meinung nach sollten Kondome mit Erdbeergeschmack verboten werden – außer in Kriegszeiten vielleicht. = *I think strawberry-flavored condoms should be banned except in wartime.*

Klingt das nicht gleich viel weniger angriffslustig, sondern nachgerade elegant? Oder so:

> Aber Sie kennen ja meine Meinung schon. Was ist Ihre Meinung? = *But enough of what I think. What do you think?*
>
> Meiner Meinung nach sollte man Kondome mit Erdbeergeschmack wenigstens mal probieren, bevor man sie in Bausch und Bogen verdammt. = *I think you should at least try strawberry-flavored condoms once before damning them out of hand.*

Vielleicht hängt es mit der englischen Korrektheit zusammen – ständig eine Meinung zu haben, ist uns einfach zu ... unhöflich.

> Meiner Meinung nach haben Sie keine Ahnung, wovon Sie reden, und wenn Sie den Mund nicht halten, dann ziehe ich Ihnen eins über mit meinem Kondom mit Erdbeergeschmack. = *I think you don't know what you're talking about and if you don't shut up I'm going to hit you with my strawberry-flavored condom.*

Hierzulande hat man nicht nur zu allem eine Meinung, man glaubt auch dauernd irgendwas.

BELIEVE

Ich will glauben ... denke ich

Die Deutschen gehen zwar ungern in die Kirche und stehen auch sonst jeder Art von organisierter Religion skeptisch gegenüber, aber „glauben" tun sie allemal. Ich bin immer wieder erstaunt, wie oft, wie viel und an was sie alles glauben.

> Mein Chef glaubt, dass ich krank bin.
> Meine Frau glaubt, dass ich länger arbeite.
> Mein Mann glaubt, dass ich zu Hause auf ihn warte.

Ich will Ihr Weltbild ja nicht auf den Kopf stellen, doch es stimmt: Die Deutschen haben einen starken Glauben – wogegen wir Angloamerikaner eher zum „Denken" neigen. Hier ist der Beweis:

> *My boss thinks I'm sick.*
> *My wife thinks I'm working late.*
> *My husband thinks I'm waiting at home for him.*

Bei uns ist „Ich glaube" nämlich ein quasireligiöses Bekenntnis. Wir glauben an Gott, wir glauben an unser Land, an die Zukunft, an den Erfolg, aneinander, an uns selbst, aber nicht daran, dass England gegen Deutschland gewinnt.

Wenn Sie *believe* im Sinne von „glauben, dass ..." einsetzen, klingt das für unsere Ohren seltsam. Sagen Sie zum Beispiel *My boss believes I'm sick*, dann hören wir: „Mein Chef ist einer Sekte beigetreten, die dem Irrglauben anhängt, dass ich krank sein muss."

„Glauben" ist für uns viel zu romantisch, mystisch oder spirituell, als dass wir es für alltägliche Kleinigkeiten benutzen würden:

> *I want to believe.* = Ich will glauben. (Spruch aus der TV-Serie „Akte X")
> *Do you believe in magic?* = Glaubst du an Magie? (Auch der Titel eines Liebeslieds von The Lovin' Spoonful)

You have to believe me. = Du musst mir glauben. (Ein Spruch, der mit Vorliebe aus verzweifelten Ehemännern herausbricht, immer dann, wenn sie ganz genau wissen, nie im Leben wird sie ihm das hier glauben.)

SNORING

Hör auf zu schnorcheln!

Wo gerade von „getarnten Versprechern" die Rede ist, muss ich der Fairness halber anfügen, dass man Sie manchmal nicht darauf hinweisen wird, wenn Sie ein englisches Wort völlig falsch verwenden – obwohl Ihr Gegenüber es bemerkt hat. Vielleicht aus übertriebener Höflichkeit, möglicherweise gar aus Bosheit. Aber oft auch einfach deswegen, weil das falsche Wort um Klassen besser klingt.

Meine Freundin Charlotte hat einen kleinen Bruder namens Fritz, der Amerika cool findet und deshalb öfters mal englisch mit mir spricht. Nach einem Schulausflug beschrieb er seinen Aufenthalt auf Rügen in der Jugendherberge auf folgende rätselhafte Weise:

„I wanted to sleep in the room with Kevin und Tanja, but I could hear Kevin snorking from outside the door. So I went to another room, and I listened outside the door first to see if anyone was snorking inside. Two students were sleeping in there, and they were usually always snorking, but I didn't hear anything, so I slept there. The next morning I asked Tanja if it didn't bother her that Kevin was snorking, but she said she didn't notice. Do you think I was only imagining all that snorking?"

Die wildesten Gedanken schossen mir durch den Kopf. Was ist *snorking*? Fritz war 16 – es konnte sich also nur um irgendeine Art von Sex handeln. Die Briten sagen *snogging* zu heftigem Küssen; wenn Amerikaner sehr grob über Sex reden, sagen sie *porking* (*pork* heißt Schweinefleisch – Sie können sich also vorstellen, was damit gemeint ist). Sollte *snorking* eine Kombination aus heftigem Küssen und deftigem Sex sein? Ich wollte gerade anmerken, dass die Jugend von heute es sehr viel besser hat als damals zu meiner Zeit, da führte mir Fritz aus tiefster Kehle hörbar vor, was *snorken* war. Aha ... er meinte „schnarchen".

Da machte ich einen großen Fehler. Ich klärte ihn freundlich auf, dass es das Wort *snorking* nicht gibt und man auf Englisch *snoring* sagt. Fritz lernte schnell: Von da an benutzte er das Wort nie wieder. Eben das bedaure ich heute. *Snorking* ist nämlich ein schönes Wort. Es trifft das Schnarchgeräusch viel besser, finde ich. Ich würde es gerne ab und zu hören, selbst wenn es nicht richtig ist. Wer weiß, vielleicht hätte es sich eines Tages durchgesetzt? Jedes Wort hat mal klein angefangen. Inzwischen überlege ich es mir zweimal, wenn ein Deutscher sagt: „Korrigiere mich ruhig, ich will perfektes Englisch lernen."

Mehr **Wörter** als Fürze auf einer Bohnenfarm

Englische Sprachwissenschaftler verkünden gern und zu jeder Gelegenheit, dass Englisch über mehr Wörter verfüge als jede andere Sprache der Welt. Deutsche Sprachwissenschaftler geben im Gegenzug regelmäßig bekannt, dass Deutsch mehr Wörter habe als Englisch. In Wahrheit weiß kein Mensch, wie viele Wörter es in einer Sprache wirklich gibt. Die Wörter können deswegen nicht zuverlässig gezählt werden, weil niemand genau weiß, was ein „Wort" ist. Das Wort „Fall" beispielsweise – zählt es als ein Wort oder als acht Wörter?

1. Fallen
2. Fall
3. Abfall
4. Befall
5. Unfall

6. Verfall
7. Zerfall
8. Zufall
... um nur die wichtigsten zu nennen.

Das Englische besitzt diese Wörter natürlich ebenfalls. Es ist aber interessant, wie unterschiedlich sie aussehen:

1. fall
2. case
3. garbage
4. infestation
5. accident
6. disintegration
7. dilapidation
8. coincidence

Der Eindruck, Englisch verfüge über so viel mehr Wörter als andere Sprachen, entsteht dadurch, dass diese Wörter sich nicht im Mindesten ähneln. Das hat Vor- und Nachteile: Einerseits bedeutet es, man muss sich mehr Vokabeln merken, andererseits hat man eine größere sprachliche Bandbreite. Während im Deutschen neue Wörter effizienterweise sehr oft durch das Anfügen eines Präfixes an den Wortstamm entstehen („Fall" wird zu „Unfall"), ist Englisch eine Art Raubsprache, die unaufhörlich in fremden Sprachräumen wildert. Wir haben nicht nur aus dem Lateinischen, Altgriechischen und Französischen geklaut, sondern auch aus dem Arabischen, Spanischen, Japanischen und natürlich dem Deutschen. Und wir tun es immer noch. Wir gieren nach neuen Wörtern, egal woher, wir verschlingen sie, wir wollen immer mehr ... Kann gut sein, dass wir inzwischen längst zu viele davon haben. Trotzdem schaffen wir es einfach nicht, damit aufzuhören. Es ist eine Art Sucht. Da kommt irgendwann die Frage auf: Was machen wir mit so vielen Begriffen? Brauchen wir wirklich zwei Wörter für „erinnern"? Drei für „Fehler"? Jetzt haben wir schon *heaven*, wohin bloß mit *sky*?

REMIND

Grüß mir die Erinnerung

Das deutsche Wort „erinnern" ist ein feines, anständiges Wort und tut, was es tun soll. Es hat genau zwei Aufgaben:

Erstens lässt es einen Menschen in sich gehen und die eigenen Erinnerungen durchwühlen: „Ich erinnere mich gern an unsere wilde Nacht neulich."

Zweitens kann man damit auch bei jemand anderem eine Erinnerung hervorrufen: „Schön, aber ich möchte dich dennoch daran erinnern, dass du mir noch 2,50 Euro für den Nachtbus schuldest."

Ich bewundere die deutsche Sprache, die hier gleich zwei Aufgaben mit nur einem Wort abdeckt – sehr effektiv. So war das eine Zeit lang auch im Englischen: „Erinnern" hieß bei uns lange einfach nur *remember*.

Dann, vermutlich im 17. Jahrhundert, machte sich ein weiteres Wort breit: *remind*. Dieses neue Wort stammte von *to bring to mind*, was so viel wie „in Erinnerung bringen" bedeutet. Jetzt hatten wir den Salat. *Remind* war ja genau genommen das gleiche Wort wie *remember*: Zwei Wörter für die gleiche Sache. Was tun? Wir entschieden salomonisch und teilten „erinnern" – die eine Hälfte überließen wir *remind*, die andere *remember*. Seitdem hat remember die Aufgabe, eine Erinnerung bei einem selbst wachzurufen. Es ist das „mich erinnern":

> Ich erinnere mich gern an Karl – er war eine Wucht im Bett. = *I remember Karl – he was great in bed.*

Wenn aber ein Mensch einen anderen Menschen erinnern will („dich erinnern"), heißt es *remind*:

> Darf ich dich daran erinnern, dass Karl mein Ehemann ist? Und dass du ihm immer noch 2,50 Euro schuldest? =

May I remind you that Karl is my husband? And that you still owe him 2.50 Euro?

Erinnern Sie sich daran: *remember* ist nicht *remind*. Ich weiß noch, wie wütend Charlotte war, als ich eines Tages vergessen hatte, den Müll rauszubringen.

Zugegeben, ich hatte es versprochen, jedoch nicht getan, eine ganze Weile sogar, und inzwischen machte sich das geruchstechnisch bemerkbar – behauptete sie. Charlottes Wut hatte sich über diesen Zeitraum langsam, aber stetig aufgebaut, etwa parallel zur Fruchtfliegenpopulation in der Küche. Schließlich stürmte sie mit hochrotem Gesicht in mein Arbeitszimmer. Ich ahnte im ersten Moment nicht, worum es ging, wusste allerdings aus Erfahrung, es ist angebracht, schon bevor sie loslegte, alle Schuld auf mich zu nehmen. Egal wofür. Ich öffnete bereits den Mund, mich schuldig zu bekennen, als sie sagte: *„Do I always have to remember you?"*

Das brachte mich aus dem Konzept. Und schmeichelte mir gleichzeitig, muss ich schon zugeben. Es tut gut, wenn einem eine Frau leidenschaftlich an den Kopf wirft, dass sie einen nicht vergessen kann. Selbst wenn das etwas überraschend kommt, man lebt ja immerhin zusammen und sieht sich Tag für Tag. Wahrscheinlich wollte sie etwas ganz Bestimmtes, traute sich aber nicht, direkt zu fragen. Nur was?

„Willst du Sex?", fragte ich.

Die darauffolgende Explosion war so heftig, dass ich zusammenzuckte. Sie versuchte es wieder, diesmal etwas konkreter und vor allen Dingen lauter: *„Do I always have to remember you to the trash?"*

Kennen Sie diesen Begriff „Lachen im Angesicht des Todes"? Genau das habe ich getan. Ich dachte schon, Charlotte würde mich umbringen. Aber was erwartet sie, wenn sie mich fragt: „Muss ich immer den Müll von dir grüßen?"

Remember me to ... (immer mit *to*) hat nämlich mit Gedächtnislücken nicht viel zu tun. Es bedeutet „Erinnere Soundso an mich". *Remember me to New York* heißt also „Grüße mir New York".

Ich bildete mir ein, die Situation entschärfen zu können, indem ich ihr den Fehler freundlich erklärte: „Versuch es mit *remind*, Schatz."
Das war's. Ohne ein weiteres Wort ging sie aus dem Zimmer, kehrte mit dem Müll zurück und kippte ihn auf meinen Schreibtisch. Jetzt konnte ich es auch riechen. Darüber hinaus war ich mir ziemlich sicher, dass sie keinen Sex wollte.

Ihre Botschaft wäre besser rübergekommen, hätte sie daran gedacht, dass es zwei Arten von „erinnern" gibt. *Remind me* (mich erinnern) – das hätte sie mit mir machen können:

> *Can I remind you to take out the trash?* = Darf ich dich daran erinnern, den Müll rauszubringen.

Oder:

> *Did you remember to take out the trash?* = Hast du daran gedacht, den Müll rauszubringen?

Remember ist und bleibt eben eine Sache, die man mit sich selbst ausmacht. Deshalb haben *memories* (Erinnerungen) viel mit *remember* zu tun. Wird man nostalgisch und schwelgt in Erinnerungen, ist man heftig am *remembering*:

> *Remember when we could dance all night?* = Weißt du noch, damals, als wir die ganze Nacht durchtanzen konnten, du und ich?

Wenn man sich aber nicht mehr an jene Tage erinnern kann – dann ist man entweder schon zu lange zusammen oder braucht eine Gedächtnisstütze, einen kleinen Erinnerungsschub von jemand anderem, einen *reminder*:

> *Turn off that TV and remind me what a great dancer you once were!* = Mach die Glotze aus und erinnere mich daran, was für ein toller Tänzer du mal warst!

SIDE

Auf welcher Seite lesen Sie eigentlich?

„Which side are you on?", fragte Charlotte. Es war spät, wir lagen schon im Bett, allerdings konnte ich das Licht nicht ausmachen. Ich las gerade „Harry Potter und der Stein der Weisen" und war total gebannt.

„Ich bin total für Voldemort", antwortete ich. „Dieser nervige Potter mit seiner Narbe auf der Stirn! Okay, er muss unter der Treppe leben, aber wer weiß schon, was Voldemort als Junge alles durchmachen musste? Davon spricht kein Mensch."

Charlotte war eine Weile still. Dann hakte sie nach: „Ich meinte, auf welcher Seite im Buch bist du?"

„Ach so", murmelte ich. *„I'm on page two."*

Weil die Deutschen für „Seite" wieder mal nur ein Wort benutzen, bringen sie *side* und *page* oft durcheinander. Im Englischen ist das anders. Wir kennen für „Seite" gleich vier Wörter: *page, side, site* und sogar *hand*.

Side

Ein Buch hat doppelt so viele *sides* wie *pages*, weil jede *page* zwei *sides* hat – vorn und hinten. Fast immer kommen *sides* paarweise daher:

> *Alfred has two sides: nice guy and psychopath.* = Alfred hat zwei Seiten: lieber Kerl und Psychopath.
> *What side are you on in the Israeli-Palestinian conflict?* = Auf welcher Seite stehst du im Nahost-Konflikt?
> *At one point you have to choose a side.* = Irgendwann musst du Farbe bekennen.
> *He just scored an own goal – what side is he on?* = Er hat gerade ein Eigentor gemacht – für welche Seite spielt er eigentlich?

Man kann es problemlos auch für Dinge verwenden, die mehr als zwei Seiten haben, beispielsweise für ein Dreieck oder einen Quader:

This side up – auf einem Karton, der sechs Seiten hat, steht oft dieser Hinweis, damit das Porzellan die Reise überlebt.

Der bekannteste Witz mit *side* dreht sich um ein einfach gestricktes, aber philosophisch wertvolles Hühnchen:

Frage: *Why did the chicken cross the road?*
Antwort: *To get to the other side.*

Site

Übrigens hat das Internetwort *Website* nichts mit „Seite" zu tun. Die deutsche Übersetzung in „Webseite" ist zwar gelungen, aber im Englischen bedeutet *site* „Stelle" oder „Ort". Eine *construction site* zum Beispiel ist eine Baustelle. Demzufolge bedeutet *website* eigentlich „Internet-Ort". Und der Ausgangspunkt einer *website*, die „Zu-Hause-Seite", heißt *home page*.

On the other hand

In einer sehr häufig gebrauchten Redewendung heißt „Seite" weder *page* noch *side*, sondern *hand*: *On the one side I love you, on the other side I can't stand you* verkündete mir einmal eine schöne Frau, als ich zu unserem Date mit einem großen Strauß Rosen auftauchte, jedoch viel zu spät.

Ich verstand Folgendes: „Auf deiner Vorderseite liebe ich dich, auf deiner Hinterseite kann ich dich nicht ausstehen." Nur weil ich aus Erfahrung wusste, dass meine Vorderseite nicht über- und meine Hinterseite nicht unterdurchschnittlich war, konnte ich mir denken, was sie hatte sagen wollen: *On the one hand I love you, on the other hand I can't stand you.*

Jedenfalls hoffe ich doch sehr, dass sie das gemeint hat. Andernfalls muss ich mir dringend eine neue Jeans kaufen!

HEAVY

Nimm's nicht schwierig

„It's too heavy for me", sagte meine schöne Nachbarin verlegen. Meine Nachbarin kann perfektes Englisch und spricht es auch gern, aber ab und zu sagt sie Dinge, die einfach rätselhaft klingen. So wie jetzt – sie hielt gerade einen Zauberwürfel in der Hand.

„Gib her", sagte ich und nahm ihn ihr ab. Er konnte nicht mehr als eine Tafel Schokolade wiegen. „Ist doch ganz leicht."

„Nicht schwer, Doofmann", sagte sie und rollte mit den Augen, *„heavy."*

Als ich mir ansah, wie das Ding verdreht war, wurde mir klar, mit *heavy* meinte sie nicht *heavy*, sondern *difficult*. *„You see?"*, sagte ich, nachdem ich den Würfel im Nu gelöst hatte: *„It's not difficult."*

„I see", sagte sie, leicht eingeschnappt, *„the only one difficult here is you."*

Weshalb die Deutschen zwischen einem schweren Gewicht und einem schweren Rätsel keinen Unterschied machen, ist mir wiederum ein Rätsel. Für uns englische Muttersprachler sind körperliche und geistige Anstrengungen zwei Paar Schuhe. Ein großer Stein ist *heavy* – ein Matheproblem ist *difficult*. Beim Gegensatz unterscheiden wir ebenfalls:

Ein kleiner Stein ist *light*, ein leichtes Rätsel *easy*.

Hier ist eine *difficult* philosophische Frage, die mit *heaviness* zu tun hat:

> *If God can do anything, can he create a stone so heavy even he cannot lift it?* = Wenn Gott allmächtig ist, kann er einen Stein erschaffen, der so schwer ist, dass er ihn selbst nicht heben kann?

Die Antwort auf diese *difficult* Frage ist übrigens: Ja. Oder will mir einer das Gegenteil beweisen?

HEAVEN

Mami, Mami, regnet es im Himmel?

Apropos Gott. Dass die Deutschen ein tief religiöses Volk sind, wird vielleicht sogar die Deutschen überraschen. Doch denken Sie mal nach: Jedes Mal, wenn Sie nach oben schauen, schauen Sie in den Himmel. Jedes Mal, wenn Sie in ein Flugzeug steigen, fliegen Sie am Himmel. Wir anderen müssen brav sein und warten, bis wir tot sind, bevor wir den Himmel sehen – die Deutschen sehen ihn täglich. Na ja, meist ist es ein sehr bewölkter Himmel, so dunkel, windig und nass wie in Deutschland habe ich mir den Himmel ehrlich gesagt nie vorgestellt, aber immerhin ist er ganz nah.

Wenn wir englischen Muttersprachler nach oben gucken, sehen wir nicht den Himmel, sondern *sky*. Das ist der Raum über unseren Köpfen – da fliegen die Flugzeuge, Raketen, Tauben und *text messages* hindurch. *Heaven* dagegen ist ein Ort, den man weder sehen noch verorten kann. Vom „Himmel" sprechen wir, wenn wir von Gott reden.

> *Lift your voices to heaven.* = Erhebt eure Stimmen zum Himmel.
> *in seventh heaven* = im siebten Himmel
> *Good heavens!* = Ersatzfluch für „Großer Gott!"

Oder auch, wenn uns die Muse küsst, wie in dem Gedicht „Pippa Passes" von Robert Browning aus dem 19. Jahrhundert, dessen Zeilen *God's in his heaven* und *All's right with the world* heute noch geflügelte Worte sind:

> „*The year's at the spring,*
> *And day's at the morn;*
> *Morning's at seven;*
> *The hillside's dew-pearled;*
> *The lark's on the wing;*

> *The snail's on the thorn:*
> *God's in his Heaven –*
> *All's right with the world!"* [8]

Nun, wir leben nicht mehr im 19. Jahrhundert, und viele Menschen von heute halten Gott im Himmel für eine altmodische Idee. Allerdings sind sie da ein bisschen wie die Briten, die nichts auf ihre Demokratie kommen lassen – aber dafür gleich die Queen rausschmeißen? So ähnlich ist es bei uns. Selbst wenn wir nicht mehr daran glauben, sind wir trotzdem noch von Gottes Wohnung fasziniert. Neben *love, happy, together* und *tonight* ist *heaven* eines der häufigsten Wörter in Liebesliedern überhaupt. Wer in einem Popsong verliebt ist, scheint unentwegt in *heaven* zu sein, allen voran Fred Astaire, der in dem Musical „Top Hat – Ich tanz mich in Dein Herz hinein" mit Ginger Rogers tanzte und „Cheek To Cheek" sang:

> *„Heaven, I'm in heaven,*
> *And my heart beats so that I can hardly speak,*
> *And I seem to find the happiness I seek*
> *When we're out together, dancing cheek to cheek."*

Queen sang „Heaven for Everyone", die Los Lonely Boys fragten „How Far is Heaven"? Eric Clapton sang über „Tears in Heaven". Johnny Cash wollte wissen „Will You Meet Me in Heaven"? Led Zeppelin besang eine „Stairway to Heaven" – vermutlich mit sehr vielen Stufen. Und einer Band war die Bezeichnung *seventh heaven* nicht genug, sie nannte sich gleich Heaven 17. Was würden die großen Sprücheklopfer ohne *heaven* anfangen?

Heaven erlaubte es beispielsweise Mark Twain, auf den merkwürdigen Umstand hinzuweisen, dass unartige Leute interessanter sind als die artigen:

> *„Go to heaven for the climate, hell for the company."* =
> Besuch den Himmel des Klimas wegen und die Hölle der Gesellschaft wegen.

Doch der Himmel muss nicht zwingend langweilig sein, meinen zumindest moderne Autoren:

> *„Las Vegas looks the way you'd imagine heaven must look at night."* = Las Vegas sieht aus, wie man sich den Himmel bei Nacht vorstellen könnte. (Chuck Palahniuk, Autor von „Fight Club")

Selbst wenn wir uns *heaven* nur einbilden, kann das nicht auch eine gute Sache sein? So der Philosoph Ralph Waldo Emerson:

> *„To different minds, the same world is a hell, and a heaven."* = Für verschiedene Menschen kann die gleiche Welt Himmel und Hölle sein.

Manchmal aber ist der traditionelle Blick auf den Himmel der schönste, wie in dieser Redewendung der Inuit:

> *„Perhaps they are not stars, but rather openings in heaven where the love of our lost ones pours through and shines down upon us to let us know they are happy."* = Vielleicht sind es keine Sterne, sondern Öffnungen im Himmel, durch die die Liebe derjenigen, die wir verloren haben, zu uns herunterscheint, damit wir wissen, dass sie glücklich sind.

GREAT

Napoleon war ein großer Mann, aber so groß nun auch wieder nicht

Und was für schöne Sachen man sieht, wenn man in den Himmel blickt. Zum Beispiel in New York. Ich brauchte nur den Kopf in den Nacken zu legen, und da war es, genau wie in unzähligen Filmen, in seinem schönen Art-déco-Kleid aus den Straßen in den Himmel ragend: *The Empire State Building.*

„It was a great building back then", sagte Jochen voller Ehrfurcht. *„Back when it was built, it was the greatest building in the world."*

„For me, it still is the greatest building in the world", erwiderte ich in einem Anflug gesunden männlichen Konkurrenzdenkens.

Er schüttelte nur den Kopf: *„No no, the Dubai Tower is now the greatest building in the world. That's a fact."*

„Wie kannst du das sagen? Der Dubai Tower hat keinen Geist, keine Persönlichkeit. Das Empire State Building symbolisiert eine ganze Ära. Ich sage nur King Kong. Der Dubai Tower ist nichts weiter als ein überteuertes Hotel. *There's no greatness there. No, the greatness of the Empire State Building is still unbeaten."*

„Aber es stimmt doch", sagte Jochen, erschrocken ob meiner Dummheit. „Es ist eine Tatsache. Du kannst es ja messen. *The Dubai Tower is greater."*

Ich war gerade dabei, ihn für seinen Mangel an Taktgefühl und Geschmack zu beschimpfen, als ich auf einmal verstand, wovon er überhaupt redete: „Du willst vermutlich ‚groß' sagen", stellte ich klar.

„Sage ich doch", insistierte er. *„The Dubai Tower is the greatest in the world."*

„Auf Englisch sagen wir aber nicht *great*, wenn wir ‚groß' meinen", korrigierte ich. „Und außerdem heißt es nicht Dubai Tower, sondern Burdsch Chalifa."

„Ach, was redest du wieder für einen Unsinn", sagte er. „Und jetzt habe ich keine Lust mehr raufzufahren."

Das deutsche Wort „groß" heißt auf Englisch *big, large, tall* oder *high*, je nachdem. *Big* zum Beispiel bezieht sich nicht nur auf den Körper – oft benutzen wir es, um ein Attribut zu betonen, sozusagen anstelle von „sehr":

> *My boss is a big idiot.* = Mein Chef ist ein großer Idiot.
> *My boss thinks he's a big deal, but he's just a big idiot.* = Mein Chef glaubt, er sei eine große Nummer, aber er ist nur ein großer Idiot.

Meint man „groß" hinsichtlich des Körperumfangs, spricht man von *big* oder *large* (wobei *large* etwas förmlicher ist als *big*):

> *My boss is so large, he has to shop in special stores for large sizes.* = Mein Chef ist so dick, dass er im Spezialladen für Sondergrößen einkaufen muss.

Meint man „groß" im Sinne von vertikaler Länge, sagt man *tall*:

> *I'm taller than my boss, but he's the bigger idiot.* = Ich bin größer als mein Chef, aber er ist der größere Idiot.

Great dagegen bedeutet überhaupt nicht „groß", sondern „großartig". Diese Art von Größe ist immer Meinungssache und hat nie was mit körperlichen Maßen – mit *size* – zu tun:

> *Napoleon was a great man, but he was not a tall man.* = Napoleon war ein großer Mann, aber groß war er nicht gerade.
> *Great show, even though it was short.* = Großartige Show, auch wenn sie nur kurz war.
> *It felt great to tell my boss that I'm quitting.* = Es fühlte sich einfach großartig an, meinem Chef zu sagen, dass ich aufhöre.
> *Great God!* = Großer Gott!

Und so hätte es heißen müssen:

> *The Empire State Building is the greatest building in the world, but the Dubai Tower is the highest.* = Das Empire State Building ist das großartigste Gebäude der Welt, aber der Dubai Tower ist das höchste.

Es gibt übrigens noch einen älteren, leicht angestaubten Begriff, der „groß" und „großartig" verbindet – *grand*. Allerdings benutzen wir ihn nur noch selten. Heute bedeutet er eher so etwas wie „feierlich":

> *grand opening* = feierliche Neueröffnung

That's grand hört man noch in schmissigen Liedern und Filmen aus den 40ern und 50ern. Und *Grandstand* ist eine „Haupttribüne" – eine Reihe von Sitzplätzen in einem Stadion und im übertragenen Sinne ein „großes Stehpult". Wer *Grandstanding* betreibt, ist gerade dabei, „sich zu produzieren", oft bei einem festlichen offiziellen Ereignis und noch öfter in einem politischen Amt.

FAULT

Es ist nicht mein Fehler, aber meine Schuld

Wie oft man sich hierzulande die Schuldfrage stellt, ist schon verblüffend. Bei jedem noch so kleinen Anlass will man „Schuld" auf sich laden. Warum müssen Deutsche nur immer wieder, selbst bei den winzigsten, verzeihlichsten Fehlern, gleich von „Schuld" sprechen?

„Hansen hier", sagte ich in den Hörer.

„Ist da Schmidt?", fragte der Anrufer.

„Nein, hier ist Hansen."

„Ich suche Schmidt."

„Hier ist kein Schmidt, sondern Hansen."

„Ach! *Are you American?*"

„*Yes, I am American. And Hansen.*"

„*Yes, my name is Schumacher. Is Schmidt there?*"

„*There is no Schmidt here, only Hansen.*"

„Ach! *Do I have the wrong number?*"

„*Yes, you have the wrong number.*"

„*I'm sorry. It's my fault*", sagte er zerknirscht. „Es tut mir leid, ich bin schuld."

„Schuld? Schuld? Mein Gott, Mann, Sie haben sich bloß verwählt, so schlimm ist das nicht, dass Sie gleich Schuld auf sich laden müssen. Das kann nicht gesund sein. Sie stören nicht mal.

Im Gegenteil, ich habe den ganzen Tag noch mit keinem Menschen gesprochen …"

Aber er hatte schon aufgelegt. Wahrscheinlich, um gleich seinen Therapeuten anzurufen.

Um sich zu entschuldigen, hat man im Englischen eine Auswahl von drei Begriffen – je nachdem, wie schlimm man es versemmelt hat. Bei zweien dieser Begriffe laden Sie Schuld auf sich, der dritte wird hingegen nur bei ganz harmlosen Fehlern verwendet.

Guilt – „Ich bin schuldig"

Ist die Verfehlung eine Nummer größer, wandert man dafür in den Knast oder sollte es zumindest; hat ein Mensch oder gar eine ganze Nation über Generationen hinweg an einer Schuld zu knabbern, dann spricht man von *guilt*:

> *This court finds you guilty of treason.* = Das Gericht befindet Sie des Hochverrats für schuldig.
> *The best tool a mother has in getting her children to obey her is guilty feelings.* = Das beste Werkzeug, über das eine Mutter verfügt, wenn die Kinder gehorchen sollen, sind Schuldgefühle.

Hinter *guilt* steckt meist eine Absicht, während *fault* oft aus Versehen oder Unbeholfenheit passiert oder einfach, weil man als Mann hin und wieder mal zwei linke Hände hat – mein Gott, wir können doch auch nichts dafür!

> *It's not my fault the atom bomb went off – I was cleaning it and I tripped and dropped it. But I didn't mean to, I swear!* = Es ist nicht meine Schuld, dass die Atombombe hochging – ich wollte sie nur sauber machen, da stolperte ich und ließ sie fallen. Aber es war keine Absicht, ehrlich!
> *Thank you for stopping me before I destroyed the world with my atom bomb, Mr Bond – I couldn't live with the*

guilt. = Danke, dass Sie mich daran gehindert haben, die Welt mit meiner Atombombe zu zerstören, Herr Bond – ich hätte mit der Schuld nicht leben können.

Fault – „Es ist meine Schuld"

Selbst wenn nur geringer Schaden entstanden ist, muss die Schuld irgendwem in die Schuhe geschoben werden. Das weiß jedes Kind. Wo kämen wir denn hin, wenn etwas Schlimmes passiert und niemand will es gewesen sein? *Fault* ist vor allem jene Art von Schuld, die zugewiesen wird, wenn man Schuldige sucht:

> *Original sin was the fault of one man and one man only.* = An der Erbsünde war ein Mann und nur ein Mann schuld.

Es gibt allerdings Situationen, in denen man freiwillig die Schuld auf sich nimmt, um Schlimmeres zu vermeiden – auch hier erweist sich *fault* als nützlich:

> *I'm sorry, it's my fault. It will never happen again.* = Tut mir leid, es ist meine Schuld. Es wird nicht wieder vorkommen. (Standardfloskel, mit der man jegliche Schuldgefühle, die eine Mutter oder eine ähnliche Autoritätsperson gerade in einem erzeugen will, wirkungslos verpuffen lässt.)

Eine Autoversicherung, bei der gezahlt wird, egal wer an der Karambolage schuld war, ist eine *no-fault insurance*; genau wie eine Scheidung, bei der keiner an der Karambolage Schuld hatte, *no-fault divorce* heißt.

Mistake – „Mein Fehler"

Dann gibt es Dinge, für die niemand Schuld auf sich laden muss: kleine Fehler, die halt passieren, jedoch keinen großen

Schaden verursachen. Wenn man sich verwählt, „entschuldigt" man sich zwar, aber gleich von „Schuld" zu reden, wäre übertrieben. Stattdessen spricht man von einem *mistake*:

> *Sorry! My mistake.* = Entschuldigen Sie, mein Fehler.
> *Sorry, I thought you were someone else – I was mistaken.* = Entschuldigen Sie, ich habe Sie mit jemandem verwechselt – ich habe mich wohl geirrt.
> *Excuse me, there's a mistake in my bill.* = Entschuldigen Sie, da ist ein Fehler in der Rechnung.

Der Grund, warum die Deutschen auf Englisch so oft die „Schuld" für kleine Fehler auf sich nehmen, liegt wohl darin, dass sie in der Schule irgendwie vermittelt bekommen haben, „Fehler" würde *fault* heißen. Falsch! Auf Englisch heißt „Fehler" *mistake*.

> *It's a mistake to think that „Fehler" means fault.* = Es ist ein Fehler zu glauben, dass „Fehler" *fault* bedeutet.

Wenn Sie sich das nächste Mal des schlechten Englisch schuldig machen, halten Sie es wie ein Politiker und geben Sie dem ausufernden englischen Wortschatz die Schuld: *I made a mistake, but I'm not guilty of speaking bad English. It's all the fault of that book I read!*

Du bist **kein Rapper** – und andere Missverständnisse

Vor ein paar Jahren lief in einem Privatsender ein großer Fernsehfilm über die Berliner Luftbrücke. Die Produktion war unter anderem deswegen interessant, weil die deutschen Filmemacher sich etwas trauten, was bisher nur in Hollywood gang und gäbe ist: Sie besetzten die amerikanischen Figuren mit deutschen Schauspielern, die durchgehend deutsch sprachen – ähnlich der US-Kriegsfilme, in denen die Nazigrößen immer englisch reden.

Es war ein tolles Experiment und wäre in meinen Augen beinahe gelungen, wenn es nicht diese eine Szene gegeben hätte. Darin verschaffte sich ein amerikanischer General namens Philipp Turner, dargestellt von Heino Ferch, während eines hitzigen Gesprächs mitten in einer vollbesetzten Halle Gehör, indem er unvermittelt die Pistole zog und in die Luft schoss. Keinem meiner deutschen Freunde fiel die Szene besonders auf – mir und anderen Amerikanern allerdings schon. Diese „John Wayne schießt jetzt in die Luft"-Szene gehört zum Kanon der Westernmythen, die US-Armee aber ist kein Mythos. Jeder Ami hat irgendwelche Angehörigen in der Armee sowie Väter oder Großväter, die im Zweiten Weltkrieg gedient haben und heute noch davon erzählen. Die strengen Regeln und übertriebene Bürokratie, die in der Armee herrschen, sind legendär und werden oft persifliert. Daher weiß ein jeder, dass jemand, der in einer Menschenmenge mit der Pistole rumballert, innerhalb weniger Sekunden niedergerungen, verhaftet und vor ein Militärtribunal gestellt worden wäre.

Nur die deutschen Filmemacher wussten das nicht – für sie war das alles eins, ob nun Western oder historischer Kriegsfilm. Manchmal ist es schon merkwürdig: Hierzulande ist man so gut über die englischsprachige Welt informiert, dass alles, was in Western, US-Krimis und Hip-Hop-Musik gesagt und getan wird, bereits zur Alltagskultur gehört – nur zugeordnet wird nicht immer alles richtig. Zu den hauptsächlichen Missverständnissen gehören die feinen Unterschiede zwischen echter Sprache und Slang, die Stellung der Sprache beim englischen Adel im 21. Jahrhundert und dass wir nicht zu jedem „Du" sagen, dem wir auf offener Straße begegnen.

YOU

Sie können „Ihr" zu mir sagen

„Ich kann dir sagen, was in diesem Land schiefläuft", erklärte mir Fritz mit jener selbstgewissen Art, die jungen Leuten eigen ist. Wir saßen in der Kneipe gegenüber, Charlotte war schon nach Hause gegangen. Mittlerweile hatten wir genug Bier intus, um hemmungslos großartige philosophische Theorien zu entwickeln, ohne sie vorher genau überdacht zu haben.

„Es liegt alles an der Sie-Sprache!", meinte er. „Das ist so eine Art künstliche Barriere. Sie macht aus echten, fühlenden Menschen Roboter. Ihr Amis habt es da viel besser. Ihr sagt immer nur ‚Du' zueinander, da können gar keine falschen Hierarchien entstehen."

Ich habe zwar nichts dagegen, wenn mir gesagt wird, meine Heimat sei ein Paradies an Menschlichkeit – egal, wie besoffen derjenige ist, der es sagt. Trotzdem muss ich an dieser Stelle ein oder zwei Missverständnisse klarstellen. Wir Angloamerikaner haben keine Du-Anrede. Im Gegenteil, unser *you* ist eine Form der Sie-Anrede. Fritz war schockiert, das zu hören.

In grauer Vorzeit hatten auch wir noch ein „Du". *Thou* sagten wir in den guten alten Tagen des Mittelalters. Wenn der Fürst den Bauern ansprach, hörte es sich so an:

> *Thou art a swine, go roll in the mud.* = Du bist ein Schwein, geh, wälze dich im Schlamm.

Der Bauer antwortete natürlich nicht mit dem familiären „Du" – wo kämen wir denn da hin? –, sondern mit dem formellen „Ihr":

> *As ye wish, milord, God bless you.* = Wie Ihr wollt, mein Herr, Gott segne Euch.

Ebenso hielten es auch die Adeligen untereinander, wie man das noch aus alten Robin-Hood-Filmen kennt: „Ihr müsst wissen, Eure Hoheit, ich gedenke, Euch im Tower einzusperren, bis Ihr eine Mahlzeit für die Ratten seid, mit Verlaub."

Genau wie der deutsche Bauer im Mittelalter seinen Herrn mit „Ihr/Euch" ansprach, so nannte der englische Bauer seinen Herrn *ye* und *you*. Damals waren *ye* und *you* also die formelle Anrede, genau wie heute die Sie-Anrede.

Es ist wahr: Der alte Witz „*Can I say ‚you' to you?*" heißt, ins Deutsche zurückübersetzt, also nicht „Kann ich du zu dir sagen?", sondern eigentlich: „Kann ich ‚Ihr' zu Euch sagen ... Milord?"

Irgendwann kam uns das Ganze reichlich lächerlich vor. Warum gleich zwei Anreden, wenn eine reicht? Schnell kam die Frage auf: Wer soll nun seine Anrede aufgeben, der Fürst oder der Bauer? Falls am Ende jeder jeden nur noch mit dem familiären *thou* anreden würde, wie sollte der Bauer seinen Gebieter überhaupt noch respektieren können? Das ging gar nicht. Also ließ man das intime *thou* beiseite und blieb beim formalen *ye* beziehungsweise *you* für alle. Mit der Zeit fiel das *ye* ebenfalls weg und übrig blieb nur noch *you*. Angloamerikaner sprechen einander also nicht mit einem intimen „Du" an, sondern mit dem respektvollen, distanzierten „Ihr/Euch".

Das ist auch die Ursache für eine weitere Eigenart der englischen Sprache, die die Deutschen oft durcheinanderbringt: Weil *you* bei uns in der Einzahl und Mehrzahl verwendet wird, können wir so schöne Sätze wie „Ey, ihr könnt mich alle mal" auf Englisch gar nicht mehr sagen. Ob wir einen oder viele meinen, es klingt immer gleich: *Hey, you can kiss my ass.* Tja, dumm gelaufen.

Heute macht uns das nichts mehr aus. Wir merken es ja nicht. Für uns ist *you* gleichzeitig Einzahl und Mehrzahl. Da sind wir flexibel. Will ein Vater nur seinen Sohn oder seinen Sohn und seine Tochter zugleich ansprechen, es bleibt ihm einzig und allein *you*:

> Ihr missratenes Gesocks! Macht jetzt euer Zimmer sauber! = *You rotten riffraff! Clean up your room!*

Allerdings ist das für die Deutschen sehr unbefriedigend. „Aber wie merken sie, wenn ich mehr als nur einen ansprechen will?", fragt man mich oft. Na gut, ich gebe zu, in einzelnen Fällen gibt es schon eine Art Mehrzahl. Manchmal behilft sich der Brite mit *you lot* (Ihr Leute). In einigen Regionen der amerikanischen Südstaaten sagt man *you all* beziehungsweise *y'all* (all Ihr Leute). Leider aber dürfen nur echte Briten oder Südstaatler solche Begriffe in den Mund nehmen und das auch nur in bestimmter

Gesellschaft, zum Beispiel auf einem Barbecue im tiefsten Texas. Sorry!

Dann gibt es das modernere *you guys* oder einfach *guys*. Das sagt man in einer Gruppe von Kumpels:

> *Hey guys, let's grab a pizza.* = Hey Leute, holen wir uns doch eine Pizza.

Allerdings kann man seinen Chef, ältere Herrschaften, Damen, Fremde oder überhaupt Leute in einer formalen Situation schlecht als *you guys* bezeichnen. Sie ahnen es schon – es gibt keine Rundum-Lösung. Wir müssen uns wohl oder übel damit abfinden, dass wir keine Ihr-Mehrzahl mehr haben und alles aus der Situation heraus einschätzen. Wenn es unbedingt nötig ist, muss man es eben mit zusätzlichen Worten deutlich machen: *You rotten riffraff! Clean up your room! Yes, I mean the both of you!*

Im Übrigen geistert das *thou* – ehemals unser „Du" – immer noch rum. Alte Sprüche halten es lebendig. *Holier than thou* (heiliger als du) zum Beispiel beschreibt jemanden, der unausstehlich selbstgerecht ist, wie etwa ein mülltrennender, jutetütetragender, friedensbewegter, Plastikspielzeug ablehnender, veganer Moralapostel:

> *He's so holier-than-thou, he makes my teeth curl.* = Er ist so selbstgefällig, da rollen sich mir die Zehennägel hoch.

In der Kirche kann man *thou* ebenfalls noch begegnen. Manche Bibelübersetzungen verwenden das Wort, und als Kind lernte auch ich, Gott im Gebet mit *thou* anzusprechen – ähnlich wie die Deutschen Gott im Vaterunser duzen, ohne von ihm jemals offiziell das Du angeboten bekommen zu haben.

Und wenn ein Autor seinem historischen Roman heute ein mittelalterliches Flair verleihen will, lässt er seine Figuren sich mit *thou* und *ye* anreden. Dabei verstehen die meisten Autoren selbst nicht, wie die formellen und informellen Anreden damals funktionierten. So werden Könige in solchen Büchern aus Respekt gern mit *thou* (du) angesprochen. Selbst in „Krieg der Sterne" verwendet Darth Vader *thou* seinem Imperator gegenüber. *Thou* hört sich eben einfach alt und ehrwürdig an. Merken Sie was? Klammheimlich haben *thou* und *you* im Lauf der Zeit ihre Bedeutungen vertauscht.

Fritz blickte mich misstrauisch an. „Das glaube ich dir nicht", verkündete er. „Das macht keinen Sinn. Ihr Amis, ihr redet euch doch die ganze Zeit mit Vornamen an – das geht doch nur in der Du-Sprache. Oder etwa nicht?" Gute Frage.

FIRST-NAME BASIS

Nenn mich Dr. Bob

„Das", sagte ich zu Fritz, „ist ein weiteres Missverständnis."

So frei von Hierarchien und Formalitäten sind wir nun doch nicht. Auch der lässigste Amerikaner kann schmollen, wenn er ohne Vorwarnung mit Vornamen angeredet wird. Verdient er mehr oder hat er in seiner Firma eine höhere Position als Sie in Ihrer, kann er dies als Herabwürdigung empfinden. Genau wie die Deutschen das unangenehme „Wir können Du sagen"-Ritual ständig wiederholen müssen, haben wir unseren *Call-me-Bob*-Ritus.

Elaine Swann ist eine Art amerikanische Kniggeexpertin. Ihr Beruf ist *etiquette*: Sie berät Businessleute, wie sie sich am besten in verschiedenen Situationen verhalten, vom Essen im Drei-Sterne-Restaurant bis hin zum Meeting in der neuen Mutterfirma. Wenn einer sich mit Manieren auskennt, dann sie. Sie weiß, wann zwei Menschen ihre Beziehung auf eine *first-name basis* („auf Basis der Vornamen" beziehungsweise „per Du") stellen können und wann nicht. Ich rief sie in ihrem Büro in

Oceanside nahe San Diego an und fragte sie, ob die Amerikaner es mit der Etikette lockerer nehmen als der Rest der Welt.

„*Oh, no*", sagte sie pikiert. Stattdessen bestätigte sie eine typische Klage, die deutsche Freunde immer wieder über meine Landsleute führen, nachdem sie sie erst mal besser kennengelernt haben: „Amerikaner geben sich relaxt, aber sie sind doch ziemlich berechnend, also ist es sehr wichtig, die Signale richtig zu interpretieren. Lassen Sie sich nicht von der entspannten Atmosphäre einlullen. Es gibt auf jeden Fall eine versteckte Hierarchie."

Ich beschrieb ihr einige Situationen und bat sie, mir zu sagen, welches Verhalten jeweils angebracht wäre.

Gibt es eine allgemeine Daumenregel?
Die Daumenregel ist, den Vornamen so lange nicht zu benutzen, bis es einem sozusagen erlaubt wird, besonders im Berufsleben. Es ist wichtig, darauf zu achten, wie man vorgestellt wird. Meist erhält man dadurch alle wichtigen Informationen. Und falls Zweifel bestehen, unbedingt nachfragen. Sagen Sie: *How should I address you?* (Wie soll ich Sie anreden?) Sagen Sie nicht: *Can I call you Bob?* (Darf ich Sie Bob nennen?) Das würde dem anderen keine Gelegenheit geben, höflich zu sagen, was er wirklich vorzieht. Und Sie wollen ja, dass der andere sich wohlfühlt.

Macht sich Ihr Gegenüber die Mühe und sagt zu Ihnen *Call me Bob*, dann meint er das auch so. Sie sollten ihn beim Vornamen nennen, damit er sich wohlfühlt, selbst wenn Sie das normalerweise nicht tun würden.

Ich betreibe eine Exportfirma in Berlin und begegne meinem Importpartner in San Francisco zum ersten Mal. Wie spreche ich ihn an?
Verwenden Sie den Nachnamen, bis er Ihnen erlaubt, den Vornamen zu benutzen.

Ich bin Arbeitnehmer – wie spreche ich meinen Chef an?
Benutzen Sie immer den Nachnamen, gegebenenfalls mit Titel: *Mr Smith* oder *Dr Smith*. Sagt aber der Chef *Call me Bob* (sagen Sie Bob zu mir), tun Sie ihm den Gefallen.

Ich bin Angestellter, wie spreche ich meine gleichrangigen Kollegen bei der Arbeit an?
Hier dürfen Sie sich – ohne Erlaubnis – mit Vornamen anreden.

Ich bin Angestellter in einem großen Büro, wie spreche ich den Hausmeister an?
Wenn Sie im mittleren Management sind, reden Sie mit einem Hausmeister wie mit einem Arbeiter. Es ist in Ordnung, ihn beim Vornamen zu nennen. Es sei denn, er ist um einiges älter als Sie, dann sprechen Sie ihn mit Nachnamen an – das ist ein Zeichen von Respekt.

Ich begegne jemandem auf einer Businessparty ...
In einer zwanglosen Umgebung wie beispielsweise auf einer Gartenparty benutzt man immer den Vornamen, außer der andere hat einen Titel. Wird Ihnen jemand mit Titel vorgestellt – etwa *This is Bob Smith, he's a judge for the 3rd Circuit Court* (Darf ich vorstellen: Bob Smith. Er ist Richter am dritten Bezirksgericht.) –, dann sagen Sie *Good evening, judge, how do you do?* (Guten Abend, Herr Richter, wie geht es Ihnen?). Es sei denn, der Richter sagt: *Call me Bob*. Ansonsten bleiben Sie bei *Judge Smith* oder einfach *judge*. Auf Englisch kann man nämlich praktischerweise Richter und Ärzte mit Titel und ohne Namen anreden.

Sagt man heute *Mrs* oder *Ms*?
Das wird meist klar, sobald man der Frau vorgestellt wird. *Mrs* identifiziert eine Frau als etwas ältere Hausfrau. Eine *Ms* ist jünger und berufstätig. Heute kann es als herablassend empfun-

den werden, eine Frau bloß als „Hausfrau" anzusprechen, außer sie ist die Mutter Ihrer Freundin oder Sie begegnen ihr in einer häuslichen oder familiären Situation. Im Geschäftsleben wird *Mrs* heute gar nicht mehr gebraucht.

Ich bin Fremder und lerne eine nette Person, vielleicht vom anderen Geschlecht, in einem Coffeeshop kennen – wie spreche ich denjenigen an?

Benutzen Sie immer den Vornamen.

Was ist, wenn der andere – egal in welcher Situation – seinen Vornamen nicht zuerst anbietet?

Wenn Sie nicht aufgefordert werden, den anderen mit Vornamen anzureden, können Sie – falls Sie sich dann wohler fühlen – selber die Initiative ergreifen. Sagen Sie: *Call me Bob.* Es kann allerdings passieren, dass der andere Ihnen trotzdem nicht im Gegenzug den Vornamen anbieten mag. In dem Fall müssen Sie ihn weiterhin mit *Mr Smith* anreden, während er Sie Bob nennt.

Was tun, wenn man einen Fehler macht: Man nennt jemanden Bob, der das nicht mag. Ist das ein schlimmer Fauxpas?

Das ist kein Problem. Sagt Ihnen jemand, Sie haben einen Fehler gemacht, entschuldigen Sie sich und machen Sie schnell weiter. Sagen Sie einfach: *Oh, I apologize – so, Mr Smith, about that appointment ...* (Ach, entschuldigen Sie – nun, Mr Smith, was den Termin betrifft ...) Machen Sie keine große Sache daraus.

Was, wenn man prinzipiell lieber mit Nachnamen angesprochen werden möchte?

Sagen Sie: *Call me Mr Schmidt.* Sie müssen sich nicht mit Vornamen ansprechen lassen.

Ist es nicht beleidigend, einem Amerikaner zu sagen, dass er beim Nachnamen bleiben soll?
Auf einer Party ist es schon ein wenig merkwürdig. Sie müssen vielleicht sagen: *I'm sorry, but where I come from we call each other by our last names – using my first name makes me uncomfortable.* (Entschuldigen Sie, da wo ich herkomme, reden wir einander mit Nachnamen an – ich fühle mich unwohl, mit Vornamen angesprochen zu werden.)

Je geschäftlicher die Begegnung, umso wichtiger sind solche Formalitäten und je mehr Verständnis hat man dafür. Amerikaner, vor allem wenn sie in der internationalen Geschäftswelt tätig sind, werden sich nicht beleidigt fühlen. Sie verstehen die kulturellen Unterschiede. In England geht es etwas förmlicher zu, aber nicht besonders, und es gilt wie immer die Faustregel: Man achte darauf, wie man vorgestellt wird.

Als ich Fritz all das erklärt hatte, wurde er blass, und nach einer Weile fragte er etwas kleinlaut: „Und eine Lehrerin? Auf der Highschool? Wie wird sie angeredet?"

„*Mrs Smith*, falls sie verheiratet ist, und *Ms Smith*, falls sie ledig ist."

Da murmelte er so leise vor sich hin, dass ich es gerade noch hören konnte: „Jetzt weiß ich, warum ich so schlechte Noten in meinem Austauschjahr hatte."

SHALL

Du sollst nicht sollen

Es waren auch Englischlehrer, die meine Charlotte verdorben haben. Deutsche Englischlehrer.

Heute noch höre ich ihre verführerische Stimme neben mir im Bett: „*Shall I make breakfast or shall you?*"

Mir standen die Haare zu Berge. Was meinte sie überhaupt damit? Etwa: „Soll ich Frühstück machen oder sollst du?" Oder: „Werde ich Frühstück machen oder wirst du?" Vielleicht gar: „Willst du Frühstück machen oder will ich?" Wichtiger noch als die Frage, was sie mit *shall* meinte, war die Frage: „Wo hast du das denn überhaupt her?"

„Was denn?"

„Das Wort? Wo hast du dieses Wort her?"

„,Frühstück'? Ich sage ,Frühstück' schon seit vielen Jahren."

„Du weiß ganz genau, was ich meine", warnte ich. „*Shall*. Weißt du überhaupt, was du da sagst?"

Sie lächelte. Letztens war sie ihrem alten Englischlehrer begegnet, dessen perfekte Aussprache sie immer bewundert hatte; sie hatten einander auf Englisch begrüßt, und er hatte gesagt: „Aber Charlotte! Dein Englisch ist ja arg amerikanisch geworden." Sofort nahm sie sich vor, fortan „richtiges" Englisch zu sprechen – einschließlich der Verwendung von *shall*. Das konnte ich so nicht durchgehen lassen.

„Hör mal, du tust der Welt keinen Gefallen, wenn du dieses Wort benutzt. Wir – nicht nur die Amerikaner, auch die Engländer – versuchen seit Jahrhunderten, dieses Wort endlich unter die Erde zu bringen. Vergiss es einfach ganz schnell wieder!"

Shall hat die englischsprachige Welt von dem Moment an verwirrt, genervt und in Streit versetzt, als es zum ersten Mal auftauchte. Und das ist schon lange her.

Historisch gesehen hatten die alten Germanen diverse Möglichkeiten, ihre Zukunftspläne auszudrücken, von „Ich werde Rom plündern" über „Ich will Rom plündern" bis hin zu „Ich soll Rom plündern" oder „Ich plündere Rom morgen". Im Deutschen einigte man sich später auf ein Wort: „werden". „Wollen" und „sollen" wurden irgendwann nicht mehr als Zukunftsformen betrachtet. Im Englischen aber blieben zwei Wörter im Rennen: *sceal* und *wyllan* – die altgermanischen Vorläufer von *shall* und *will*. Beide nutzte man im Sinne von „werden", also um von der

Zukunft zu sprechen. Doch wenn zwei Wörter exakt die gleiche Position beanspruchen, geht das nie lange gut, frei nach dem Motto „Es kann nur einen geben".

Der Kampf wogte über viele Jahrhunderte. Im Mittelalter benutzte Geoffrey Chaucer in seinen „Canterbury Tales" ausschließlich *will* als Zukunftsform. Rund zwei Jahrhunderte später setzte Shakespeare beide Wörter fast gleich häufig ein. Irgendwann blieb es auch den Intellektuellen nicht mehr verborgen, dass wir zwei Wörter für „werden" hatten. Plötzlich sprangen lauter Besserwisser aus ihren Löchern und überboten sich mit Erklärungen, was denn nun der feine Unterschied zwischen *shall* und *will* sei.

Der wichtigste unter ihnen war der verdiente Mathematiker John Wallis, der 1653 das erste Regelwerk der englischen Sprache schrieb, natürlich auf Latein, die „Grammatica Linguae Anglicanae". Darin versprach er etwas übermütig: „Werden diese Regeln befolgt, schließen sie aus, dass Fehler gemacht werden." Darauf fabulierte er gleich die verworrenste Beschreibung, die je in einer englischen Grammatik publiziert wurde:

„In der ersten Person [ich] deutet *shall* auf eine Vorhersage *[I shall eat beans]*, während *will* als Versprechen oder Drohung verwendet wird *[I will eat beans]*. In der zweiten und dritten Person [du oder er, sie, es] wird *shall* umgekehrt für ein Versprechen oder für eine Drohung verwendet *[he shall eat beans]*, während *will* die einfache Vorhersage ist *[he will eat beans]*." (Bohnenbeispiele von mir eingefügt.)

Scheinbar bin ich nicht der Einzige, der von diesen Zeilen nicht die Bohne verstand. Als die Fowler-Brüder 1908 ihre einflussreiche Grammatik „The King's English" herausbrachten, waren die umstrittenen Regeln so unerträglich kompliziert geworden, dass sie ihr 20-seitiges Kapitel zum Thema *shall/will* mit den lapidaren Worten einleiten mussten, dass „... diejenigen, die nicht in die oberen Klassen hineingeboren wurden, kaum in der Lage sein werden, die Regeln zu lernen."

Die Vorstellung, nur ein geborener Gentleman sei überhaupt in der Lage, korrektes Englisch zu sprechen, wurde lange Zeit durch folgenden Umstand bekräftigt: Neben den unteren Klassen wollten auch die Schotten, Iren, Australier und Amis die *will/shall*-Regeln starrköpfig nicht befolgen. So erklärt sich der alte Witz, in dem ein Schotte gerade in einem Fluss ertrinkt und keiner der umstehenden Engländer ihm hilft, weil er die ganze Zeit schreit: *I will die! Nobody shall help me!*

Seither sind die meisten Grammatiken weiser und milder geworden. Heute weiß man zudem: Die vielen alten Regeln haben die Sprache, so wie sie tatsächlich gesprochen wurde, nie realistisch widergespiegelt – und *shall* benutzt heute sowieso kaum noch einer, weder in Amerika oder Schottland noch in England.

Ein wenig schade ist es ja schon, denn *shall* gehört – neben dem langen britischen *ah* – zu den beliebtesten Möglichkeiten, die wir Amerikaner haben, einen Briten nachzuäffen: *Dahling, ah simply shall be terribly sahd if you cahn't attend the gahla!* Wir lieben das. Für uns hört sich das wahlweise versnobt, tuntig oder divenhaft an, auf jeden Fall grooooßartig.

In Deutschland kennt man *shall* nicht nur als eine versnobte Form von *will*, sondern auch im Sinne von „sollen". Ich kann mir das nur so erklären: Hierzulande wurde man in jungen Jahren in der Schule wohl zu dem sonderlichen Irrglauben verleitet, *shall* bedeute „sollen" und *should* „sollten". Aber das ist lange überholt. Heute sagt man grundsätzlich immer *should* – egal, ob es um „sollen" oder „sollten" geht.

„Es gibt heute keinen Grund mehr, *shall* zu benutzen", erklärte ich Charlotte. „Die Bedeutung ist unklar, und es klingt eigenartig. Es sei denn, du willst, dass die Leute dein Geheimnis entdecken – nämlich, dass du in Wirklichkeit zum englischen Adel gehörst."

„Das kann nicht stimmen", wehrte sich Charlotte, die, wie viele Deutsche, einen unerschütterlichen Glauben an ihren Englischlehrer hat. Und in den darauffolgenden Tagen fand ich immer wieder Schnipsel aus Zeitungen und Magazinen auf meinem Schreibtisch, auf denen überall das Wörtchen *shall* zu lesen war.

Lag ich etwa falsch? Ist *shall* viel beliebter, als ich dachte? Doch als ich mir die Beispiele genauer anguckte, sah ich, dass sie alle veraltet oder melodramatisch waren:

> „I Shall Be Released" (Ich werde befreit werden) – Lied von Bob Dylan
>
> „We Shall Overcome" (Wir werden siegen) – Titel eines Protestsongs und ein wichtiger Spruch der amerikanischen Bürgerbewegung
>
> „Shall We Gather at the River?" (Sollen wir uns am Fluss sammeln? oder besser: Treffen wir uns am Fluss?) – Titel eines alten Gospelsongs
>
> „Shall we Dance?" (Sollen wir tanzen? oder besser: „Darf ich bitten?") – Film mit Richard Gere von 2004
>
> *„Thou shalt not kill"* (Du sollst nicht töten) – aus der King-James-Bibelübersetzung zur Zeit Shakespeares
>
> *„Shall we?"* (Sollen wir?) – galant-ironische Aufforderung zum Tanz, zum Gehen, zum endlich Beginnen

„Das sind doch alles sehr archaische Beispiele, Schatz", sagte ich und erklärte ihr, dass man *shall* höchstens noch einsetzt, um den Eindruck von Alter, Würde und Respekt zu erzeugen. „Für eine normale, moderne Sprache ist es nicht mehr zeitgemäß. Selbst in der Bibel nicht. In der ‚Contemporary English Version', die in Gegenwartsenglisch übersetzt wurde, heißt es auch nicht mehr *Thou shalt not kill*, sondern einfach: ‚*Do not murder.*'"

Sie drehte sich weg und meinte noch über die Schulter: *„Thou shalt respect your woman, and your woman shall say whatever she shall say."*

Bis heute lässt sie keine Gelegenheit aus, *shall* zu sagen.

MUST

Muss ist kein Muss

Wo wir gerade dabei sind, veraltete und nutzlose Wörter in die Tonne zu kloppen, gehen wir gleich auch *must* an. Es ist nur der Nostalgie zu verdanken, dass dieses Wort nicht längst ausgestorben ist. Dennoch, alle Angloamerikaner ahnen tief in ihrem Herzen – es wird langsam Zeit, sich von ihm zu verabschieden. Warum? Welchen unverzeihlichen Fehler hat *must* gemacht?

Keiner nimmt das Wort mehr ernst. Vielleicht war *must* irgendwann mal ein wichtiges Wort, heute aber ist es ein Möchtegern-Wort, ein Ferner-liefen-Wort, eine Lachnummer. Und wer ist daran schuld? Die Briten natürlich. So muss es in etwa abgelaufen sein: Irgendwann in grauer Vorzeit, in irgendeinem englischen Landhaus mit großem Kamin, Ritterrüstung neben dem Treppenaufgang und Hirschgeweihen an den Wänden, standen lauter edle Briten in Tweed und mit komischen Hüten herum und langweilten sich gegenseitig. Irgendwann fiel der Gastgeberin auf, dass niemand den *spotted dick* probiert hatte. Offenbar war der Klumpen braunen Kochpuddings aus Kalbsfett und Fruchtstückchen in Vanillesoße schlicht übersehen worden. Die Gastgeberin war jedoch stolz auf ihren *spotted dick* und überlegte, was sie tun könnte, damit die Leute ihn zumindest probierten. Sollte sie ihnen gleich Geld anbieten? Zu plump. Drohen? Nicht stark genug. Sie hatte es schon mehrmals mit dezenten Hinweisen und Ermutigungen versucht:

> *No one's trying the spotted dick – why don't you try it?*
> *The spotted dick certainly looks like it might not be so terrible.*
> *If you try the spotted dick, you might not regret it.*

Nein, es musste dringlicher sein. Die Leute mussten das Dessert einfach probieren! Also nahm die Gastgeberin ihren ganzen

Mut zusammen, lächelte freundlich und hauchte: „*You really must try the spotted dick.*"

Die Gesellschaft erschrak. Hatte die Gastgeberin gerade gesagt, dass sie den *spotted dick* wirklich probieren müssten? Tatsächlich, die Dame hatte *must* gesagt. Also gehorchten sie.

So – oder so ähnlich – wurde *really must* geboren. Zu Deutsch: „bitte, bitte". Es ist eine sehr britische Redewendung, und wir Amerikaner verwenden sie inzwischen nur noch, um die Engländer zu parodieren. *Must* hat seitdem nichts mehr mit „müssen" zu tun. *Must* ist nur noch ein verzweifelter Vorschlag, eine schüchterne Bitte, Smalltalk. Während das deutsche Wort „müssen" eine starke Dringlichkeit besitzt, ist *must* nur noch ein Witz.

Falls überhaupt, wird *must* höchstens noch in Redewendungen benutzt, beispielsweise mit *must-see*. Das ist etwas, was man „wirklich, wirklich sehen sollte":

> „*Sex and the City*" *was definitely the must-see show of the nineties.*

In *If*-Sätzen hat *must* ebenfalls noch eine Funktion:

> „If It's Tuesday, This Must Be Belgium" (Wenn heute Dienstag ist, dann sind wir wohl in Belgien; der deutsche Titel lautete „So reisen und so lieben wir") – Filmkomödie von 1969 über amerikanische Touristen, die versuchen, den ganzen europäischen Kontinent in zwei Wochen abzuklappern

Oder auch:

> *Spotted dick* schmeckt süß – also muss es ein Dessert sein. = *Spotted dick tastes sweet – so it must be a dessert.*
> Keiner hat den *spotted dick* erwähnt, er schmeckt ihnen wohl nicht. = *No one mentioned the spotted dick. They must not like it.*

Und natürlich, um einem Satz einen altertümlichen und melodramatischen Anstrich zu verleihen. Zum Beispiel der berühmte Satz des römischen Senators Cato der Ältere, den er bei jeder Gelegenheit wiederholte, bis Karthago endlich zerstört wurde:

Carthage must fall! (Ceterum censeo Carthaginem esse delendam.) = Im Übrigen bin ich der Meinung, dass Karthago zerstört werden muss.

Er wird heute noch gerne kolportiert: *This spotted dick must be destroyed!*

Es ist natürlich trotzdem möglich, auf beiden Seiten des Atlantiks „müssen" zu sagen, und zwar mit *have to*:

Ich würde ja liebend gern den *spotted dick* probieren, aber ich muss weg – meine Oma ist gerade gestorben. = *I'd love to try the spotted dick, but I have to go – my grandmother just died.*

HIP-HOP

Sag niemals mothafucka

Es gibt auch andere Gründe, Wörter nicht zu benutzen. Vor allem, wenn es um bestimmte amerikanische Begriffe geht. Charlottes kleiner Bruder Fritz ist wirklich ein netter Kerl und für alles zu haben. Wir kamen von Anfang an prima miteinander aus, und er liebte es besonders, mit mir sein Englisch aufzupolieren. Es gab nur ein Problem dabei. Ganz bescheidenes, normales Englisch war ihm nicht cool genug.

Ich war der einzige Amerikaner, den Fritz kannte. Also war ich der Einzige, mit dem er „cool sprechen" konnte. Sobald er im Sommer sonntags zum Grillen auftauchte, ging es los: *„Hey cocksucker! High-five! Holy shit, dude, you look like shit! Fucking shit, this beer is good! Wow! Yo, bitch! Suck my dick!"*

All das ertrug ich gern. Und machte mit. Auch ich war mal jung. Vielleicht glaubte ich sogar, ich wäre immer noch ein bisschen jung. Nur bei einem Wort zuckte ich jedes Mal zusammen: *„Yo, mothafucka!"*

Es gibt auf Erden keine schlimmere Beleidigung als diese. Es war bloß Spaß, keine Frage. Wir waren cool, unbeschwert, unangepasst. Dieser Junge war es, der mir beibrachte, eine Bierflasche mit einem Feuerzeug zu öffnen – in Amerika haben Bierflaschen Schraubverschlüsse. Aber *motherfucker*? Das hielt ich irgendwann nicht mehr aus. Bei der nächsten Gelegenheit nahm ich ihn beiseite und erklärte ihm so schonend wie möglich, dass wir Amerikaner eifrig und ohne Unterlass eine große Lüge über uns selbst in der Welt verbreiten: In Wahrheit sind wir gar nicht so, wie wir uns in Musikvideos, Actionfilmen und Sitcoms darstellen.

Ich weiß, es ist enttäuschend zu hören, aber es stimmt: Der durchschnittliche Amerikaner kann weder eine ganze Bande Terroristen mit einer selbst gebastelten Waffe erledigen und anschließend eine Boeing notlanden, während er mit seiner Exfrau höchst witzige Sticheleien austauscht, noch betritt er grundsätzlich jedes Gebäude mit einer Sonnenbrille auf der Nase. Wir wären vielleicht gerne so – sind wir aber nicht. Und Wörter wie *motherfucker* benutzen wir nur in zwei Situationen:

> 1. Man ist schwarz, Hip-Hopper und steht vor einer laufenden TV-Kamera.
> 2. Man trägt eine Pistole bei sich und kann sie auch benutzen, wenn einer einem doof kommt.

Als ich fertig war, sank Fritz auf der Couch in sich zusammen. Er nahm seine Sonnenbrille ab und sagte: „Du bist echt älter, als ich dachte." Danach war unsere Beziehung nie mehr das, was sie mal war.

Dieses sorgfältig gepflegte, professionell in Szene gesetzte amerikanische Selbstbild sorgt oft für Verwirrung. Es führt dazu, dass sich junge Deutsche im Urlaub, im College oder auf Geschäftsreisen in unseren Augen höchst merkwürdig aufführen. Sie können sich nicht vorstellen, dass joviale Texas-auf-die-Schulter-klopf-Sprüche, Ghetto-Slang mit Hip-Hop-Vokabular, schräger Humor und *„Oh yeah, man, wow"*-Familiarität zwar im deutschen Fernsehen als authentisch amerikanisch rüberkommen, in den USA selbst jedoch eher befremdlich wirken.

Ein bisschen wäre das so, wie wenn ich in Deutschland einen guten Eindruck machen wollte, indem ich im Stechschritt gehe, mein „R" rolle wie ein Bayer auf Koks und jedes zweite Wort hinausbelle. Das funktioniert vielleicht in Hollywood-Filmen, in den Geschäftsräumen der Daimler AG könnte das allerdings unangenehm auffallen.

Wer in Amerika nicht negativ in Erscheinung treten will, sollte sich in etwa so verhalten wie zu Hause. Okay, wenn er dabei etwas öfter mal lächelt, als er das hierzulande tut, schadet das sicherlich nicht. Und vor allem um Modewörter sollte er einen großen Bogen machen. Sie sind sehr schwierig zu benutzen, weil sie weniger einen Inhalt, dafür aber umso intensiver ein bestimmtes Lebensgefühl transportieren. Und das Lebensgefühl eines fremden Landes zu erlernen, ist noch mühsamer als die Sprache.

Meine Empfehlung also: Sagen Sie die nun folgenden Wörter einfach nicht!

Ain't

Ain't bedeutet *is not* und wird heute noch in manchen Dialekten – zumeist in Popliedern – verwendet, vor allem wenn *is not* für den Rhythmus eine Silbe zu lang ist. Dabei wird es oft überflüssigerweise mit einem zweiten *no* oder *not* verwendet, zum Beispiel in dem Song „Ain't Got No" von Nina Simone. Was aber in der Musik okay ist, funktioniert im Alltag noch lange nicht.

Ain't ist das erste einer langen Reihe von zusammengezogenen Wörtern; *dunno (don't know), gonna (going to)* und *wanna (want to)* gehören genauso dazu. Die Deutschen kennen diese Begriffe als Kaugummiwörter und gehen davon aus, dass es eine Sache der Aussprache ist oder alle Amerikaner einfach von Haus aus nuscheln. (Im Übrigen halten alle Menschen Ausländer generell erst mal für Nuschler – wir glauben das von den Deutschen genauso.)

Stimmt aber nicht. Selbst diese Wörter unterliegen strengen Regeln. Manchmal werden sie ironisch eingesetzt, manchmal aus Gründen des Rhythmus. Das gilt auch im Deutschen: Vermutlich würden Sie in einem Vortrag in einem Saal voller Manager ebenfalls eher „durch das" statt „durchs", „aus dem" statt „ausm" und „was für ein" statt „was'n" sagen.

Die Kontraktionen, die Sie in der Schule gelernt haben – *I'm, you're, they'll, can't, don't, won't* und andere – fallen natürlich nicht in diese Kategorie. Im Gegenteil, sie werden wie ganz normale Wörter benutzt.

Boy

Wenn ich den Ausspruch *„Hey boy"* höre, läuft es mir kalt über den Rücken. Meist ist es Jochen, Charlotte oder ein Sportkommentator im Fernsehen, der *boys* genauso verwendet wie „Jungs": „Die *Boys* sind wieder gut drauf heute". Ich frage mich, ob die millionenschweren Sportler, die so bezeichnet wurden, überhaupt wissen, wie sehr man sie gerade beleidigt hat.

Boy scheint auf den ersten Blick eine direkte Übersetzung von „Junge" zu sein. Und in eindeutigen Situationen ist es das auch. Unter Umständen kann es aber genauso „Lustknabe" oder „Stricher" bedeuten. Ein *boy toy* ist eine „Schlampe", ein *toy boy* ein „deutlich jüngerer Liebhaber". Und ist der *boy* zufällig schwarz, haben Sie ihn gerade „Sklave" genannt. Für „Jungs" benutzen Sie also lieber *guys* und für „Kinder" *kids*.

Bitch

Bitch hat in den letzten Jahren einen Bedeutungswandel erfahren. Ursprünglich hieß *bitch* „Hündin", heute meist „Schlampe". In der machohaften Hip-Hop-Musik steht es für „Mädchen", und immer mehr beschreibt es auch einen Mann, der nicht männlich genug ist – eine Memme also. Aus den Gefängnissen stammt die Bedeutung „eroberter Sklave", und derzeit wird es häufig ironisch in diesem Sinne benutzt: *He's my bitch.*

I'm gonna make you my bitch. = Ich werde dich schlagen.
(Zum Beispiel bei einer freundlichen Pokerrunde)

Tun Sie es nicht.

Cocksucker

„Schwanzlutscher" kann zwar in seltenen Fällen als ironische Alternative für „Kumpel" gebraucht werden – empfehlenswerterweise für einen Kumpel mit Humor –, meist aber ist es einfach eine Beleidigung und nur bei Konfrontationen angebracht.
Tun Sie es nicht.

Dude

Dude (Kerl, Typ) ist ein uraltes Wort, das heute mit den Surfer-, Skater- und Drogen-Slangs assoziiert wird. Es wird von einem vermeintlich coolen weißen Jungen benutzt, um einen anderen vermeintlich coolen weißen Jungen anzusprechen: *Not cool, dude.* Außerhalb dieser Milieus wirkt das Wort lächerlich. Gerade deswegen wurde der Begriff im Kultfilm „The Big Lebowski" eingesetzt. Dass Jeff Bridges darauf bestand, *The Dude* genannt zu werden, war einfach albern – doch so ernst vorgetragen wiederum liebenswert.
Falls Sie nicht Jeff Bridges sind, tun Sie es nicht.

Dunno

I dunno. = I don't know. (Ich weiß nicht. Siehe *ain't*.)
Dunno wird meist von Idioten benutzt und von Leuten, die Idioten nachmachen.
Tun Sie es nicht.

Fuck

Fuck ist sicher eines der aufregendsten Wörter der englischen Sprache überhaupt. Einerseits ist es ein Tabuwort, andererseits der wendigste, vielseitigste und zugleich witzigste Begriff weit und breit. Er wird in der Erotik, als Drohung und Überraschungsspruch verwendet, als Substantiv, Verb, Adverb, Adjektiv und vieles mehr. Allein die Anzahl der grammatischen Formen von *fuck* ist *fucking astonishing*. Und dennoch ist es ein Tabu. Aus Film und Fernsehen haben Sie vielleicht den Eindruck gewonnen, wir würden das Wort immer und überall benutzen, dem ist aber nicht so: Die Regeln, denen wir hier folgen, sind vielfältig und undurchsichtig.

Falls Sie als Frau mit lauter Kollegen in einem Nachtklub herumsitzen und nach mehreren Drinks ein Mann auf den Tisch steigt und sich unangekündigt tanzend auszieht, können Sie Ihr Erstaunen, Ihre Irritation und Abenteuerlust zum Ausdruck bringen, indem Sie *Holy Fuck!* (Verdammte Scheiße!) sagen.

Falls Sie aber als Frau mit lauter Kollegen in einem Nachtklub herumsitzen und nach mehreren Drinks Ihr Chef auf den Tisch steigt und sich unangekündigt tanzend auszieht:
Tun Sie es nicht.

Gonna, Wanna

Going to, *want to* (siehe *ain't*).
Tun Sie es nicht.

Mothafucka

Tun Sie es nicht.

Nigga

Das sogenannte *n-word nigger* oder *nigga* ist sicher das rassistischste Wort, das es heutzutage gibt. Schwarze unter sich benutzen das Wort ironisch, und so kommt es in vielen Rap-Liedern vor. Ein Weißer, der es benutzt, kann so lange von Ironie reden, wie er will, er gilt fortan als Rassist.

Tun Sie es nicht.

Shit

Shit kann „Scheiße" bedeuten, aber auch „Marihuana" oder einfach „Zeugs". Das Problem ist: *Shit* ist inzwischen ein so universell akzeptiertes Wort, dass viele es im Deutschen hemmungslos einsetzen und glauben, im Englischen wird es genauso häufig benutzt. Was sie nicht wissen: Deutsche verwenden das Wort „Scheiße" öfter und ungehemmter als ein durchschnittlicher Amerikaner das Wort *shit* gebraucht.

Tun Sie es nicht.

Wow

Wow ist ein Kaugummiwort *par excellence*. Manche Menschen denken, dieses Wort mache sie zu Adoptiv-Amerikanern, und sie geben sich große Mühe, es so kaugummihaft wie möglich auszusprechen. Einige schaffen es sogar, aus einer Silbe gleich zwei oder gar drei zu machen: *Wa-ah-ow!* Für einen Amerikaner hört sich das so an, als ob der *Wow*-Sager gerade einen kleinen Schlaganfall in der Zunge erlitten hat.

Tun Sie es nicht.

Yeah

Auch von diesem Wort meinen die meisten, es würde besonders kaugummimäßig, lang gedehnt und mehrsilbig ausgesprochen: *Ye-ay-ahhh!* Leider klingt es so, als sei der Sprecher mit seinen Stimmbändern im Hals irgendwo hängen geblieben. Bleiben Sie deshalb beim *yes*. Oder sogar beim deutschen „Ja".

An dieser Stelle muss ich was über das „Ja" sagen. Es ist nicht so schlimm, wie Sie glauben, wenn Ihr amerikanisches *yeah* sich wie *yah*, also wie ein deutsches „Ja" anhört. Während *ye-ay-ahhh* klingt, als ob Sie Amerikaner verarschen wollen, wirkt ein „Ja" eher niedlich. Man sieht den echten Menschen hinter der erlernten Sprache – er lässt kurz die Maske fallen –, und das findet man charmant:

„*Oh, you must come from Germany!*"

„*Yes, I guess I can't hide it. It's easy to tell, isn't it?*"

Selbst mir als Amerikaner passiert das. Ab und zu, wenn ich in Amerika bin, schleicht sich irgendein deutsches Wort ein, oft ein „Ja". Man schmunzelt. Man sagt zueinander: „Hast du es gehört? Habe ich es nicht gesagt?" Es ist nicht peinlich, im Gegenteil, es ist interessant, es ist authentisch, es ist menschlich. Und es erinnert die Leute daran, dass für Sie Englisch eine Fremdsprache ist – das beeindruckt sie.

Yo

Yo! = Ey! oder Hallo! *Yo* ist ebenso Hip-Hop-Sprache.
Tun Sie es nicht.

Als Daumenregel kann man sogar sagen: Alles, was dem Hip-Hop zugeschrieben wird, tun Sie lieber nicht.

Sprechen Sie endlich **Englisch** wie ein **Deutscher**!

Keiner glaubt mir. Jedenfalls keiner unter 16. Ich weiß auch nicht warum, aber es ist so. Immer wenn Fritz mit mir englisch spricht, merke ich, wie er sich besondere Mühe gibt, alles richtig zu machen.

Dazu sage ich bloß: „Was strengst du dich so an? Du bekommst noch einen ganz roten Kopf. Wenn du zur Bank gehst, musst du nur genug Mathe können, um dein Konto zu checken – keiner verlangt von dir, gleich die letzten mathematischen Rätsel des Universums zu lösen. Du musst dich nur verständlich machen können, das ist alles. Es bricht einem ja der Schweiß aus, wenn man dir nur zuhört."

„Aber wenn ich noch mal in die USA reise, will ich nicht auffallen", meint Fritz. „Ich will nicht, dass alle mich angucken und sagen, das ist ein Deutscher."

„Warum nicht? Das macht dich doch exotisch."

„Ja, und alle glauben, ich sei wohl zu blöd, um richtig zu sprechen."

„Ah!", sage ich dann. „Das ist eine sehr deutsche Herangehensweise. Hier lernt man schon in der Schule, dass nichts Schlimmeres passieren kann, als einen Fehler zu machen. In der englischsprachigen Welt ist das anders. Solange man euch versteht, sind kleine Fehler wurscht. Viel wichtiger ist, dass man das Gefühl bekommt, hier spricht ein echter Mensch und kein Roboter. Und wenn du ein bisschen anders sprichst als andere, zeigst du Persönlichkeit."

„So ein Quatsch. Sprechen ist Sprechen. Es gibt richtiges und falsches Sprechen."

„Da muss ich mal was klarstellen, junger Mann", sage ich. „Niemand in den USA erwartet, dass du hundertprozentiges Englisch kannst. Und ehrlich gesagt: Dort gibt es so viele Einwanderer, die immer noch mit dem starken Akzent ihrer Heimat sprechen, dass perfektes Englisch eher die Ausnahme ist."

„Ich brauche keinen Trost", schnaubt er.

Ich konnte ihn nicht überzeugen. Aber zum Glück gibt es ja Youtube. Alles, was ein 16-Jähriger einem nicht abnimmt, wird er anstandslos glauben, sobald er es auf Youtube sieht.

Was haben ein beliebtes Model mit eigener Realityshow, ein Österreicher, der zuerst im Filmgeschäft, dann in der Politik Blitzkarriere machte, und ein Bayer, der die Weltpolitik der 70er maßgeblich formte, gemeinsam?

Alle drei haben sie den bekanntesten deutschen Akzent Amerikas. Wenn Sie wissen wollen, wie sich das anhört, tippen Sie einfach diese drei Namen bei Youtube ein: Heidi Klum, Arnold Schwarzenegger und Henry Kissinger.

Henry Kissinger, der 1938 mit 15 Jahren vor den Nazis aus Fürth nach Amerika floh, spricht *which* immer noch wie *vich* aus und *the third thing* wie *se sird sing*.

In den 80ern, auf der Höhe seines Filmruhms, galt Arnold Schwarzeneggers Aussprache als der am häufigsten nachgemachte Akzent Amerikas. (Ich fand es immer schade, dass seine Aussprache in den deutschen Fassungen ins astreine, langweilige Hochdeutsch synchronisiert wurde.) Jeder machte sich einen Spaß daraus, ihn nachzuäffen: Buchstaben wie „f" und „s" wurden in die Länge gezogen: Aus *of* wurde *uff* und aus *is* wurde *iss*. Die Laute *th* und *w* schien er gar nicht über die Lippen zu bringen.

Bei Heidi Klum ist es genau umgekehrt. Schon lange, bevor sie mit ihrer Realitysendung für Modedesigner „Projekt Runway" ins US-Fernsehen einstieg, war sie in den USA berühmt und beliebt. Das Erstaunliche: Einen deutschen Akzent hört man bei ihr so gut wie gar nicht. Woher kommt das? Man sagt Klum nach, dass sie sehr diszipliniert sei – vielleicht hat sie sich einfach eine fast einwandfreie Aussprache angeeignet. Vielleicht hängt es auch mit dem deutschen Schulsystem zusammen. Klums Generation wurde viel besser und früher im Englischen unterrichtet als Schwarzenegger und Kissinger.

Doch selbst sie benutzt immer wieder *in*, *for* und *about* auf eine Art, die im Deutschen richtig wäre, nicht aber im Englischen. Und man merkt ihr die „deutsche Zunge" an: Ihre Sprache klingt fast zu deutlich, ihre Silben etwas zu klar – wie deutsche Popsänger, wenn sie auf Englisch singen. Nur jemand, der aus einem anderen Sprachraum kommt, spricht so gewollt sauber.

Bei Kissinger, Schwarzenegger und Klum kann man deutlich erkennen, dass deutsche Muttersprachler im Englischen vor allem vier Schwächen haben:

> 1. die übertriebene Trennung von Silben
> 2. oder das Gegenteil, das übertriebene Zusammennuscheln von Silben
> 3. *th*
> 4. *w*

Jochen zum Beispiel: Er trennt seine Silben stärker, als wir es tun. An Tagen, an denen er sich richtig anstrengt, habe ich das Gefühl, am liebsten möchte er an manchen Stellen noch einen Umlaut einfügen oder sein „R" rollen. Wenn er in einem New Yorker Steakhouse nichts weiter bestellen will als *„a brrreakfast burrrito, a barrrbecue burrrger and a brrraised brrratwurst"*, zuckt die Kellnerin zusammen und glaubt, Jochen marschiere gleich in Polen ein. Allerdings steht Jochen damit nicht allein – auch Kissinger zieht immer noch gern sein „R" und seine Vokale in die Länge: *Oooorder* statt *order* und *Irrraq* statt *Iraq*. Manche Wörter, die ein Angloamerikaner verkürzen würde, dehnt er erst recht. *Especially* wird bei uns meist mit drei, höchstens dreieinhalb Silben gesprochen: *espesch'ly*. Kissinger macht daraus fünf: *es-pesch-ie-al-ly*. Schwarzenegger tut das ebenfalls gern. Aus ein- und zweisilbigen Wörtern macht er zwei- und sogar dreisilbige: *before* wird zu *befowah* und aus *He's been murdered!* wird *He's been my-urdered!*

Fritz übertreibt inzwischen genau in die andere Richtung. Weil man uns Amis gerne nachsagt, wir würden sprechen, als hätten wir Kaugummi im Mund, glauben manche Deutsche, sie kämen in Amerika authentischer rüber, wenn sie lässig nuscheln. Mit der Folge, dass wir denken, da versucht einer mit uns zu reden, der gerade Kaugummi kaut. Also nuschelt Fritz so viel es nur geht. Erstaunlich, wie gut er darin ist. Ganze Sätze kann er aus dem Stegreif auf zwei oder drei Wörter reduzieren: *„I'mgonnagogeta ... whatchamacallit ... bebackinaminute!"*

Fritz ist damit nicht allein – Schwarzenegger zieht ebenso gerne mal feste Redewendungen zusammen: aus *of a* zaubert er *ufffa*. Und sein *What's the matter?* wird zu *Wadzemadda?*.

Was Kissinger und Schwarzenegger trotzdem gut verständlich macht, ist, dass sie es nicht übertreiben. Sie haben ihre Sprache soweit wie nötig verfeinert und dann aufgehört, ihre Aussprache zu perfektionieren. Man kann sie gut verstehen und zugleich als Deutsche identifizieren. Zudem als Deutsche, die souverän genug sind, nicht verzweifelt zu versuchen, jeden Restakzent auszumerzen.

Die Frage bleibt aber: Warum schaffen es Leute wie Kissinger, Schwarzenegger und Klum nicht, perfekt zu sprechen? Ist Kissinger, ein Mann, der wirklich die Welt verändert hat und als Migrant in einem fremden Land Erfolge erzielte, von denen sein Schullehrer-Vater nie geträumt hätte, schlicht zu faul? Arnold Schwarzenegger lebt immerhin seit 1968 in den USA, die letzten Jahre sogar als Gouverneur von Kalifornien. Ist er einfach zu dumm?

Das bezweifle ich sehr. Im Gegenteil: Ich vermute, dass diese intellektuellen und höchst disziplinierten Menschen so gut wie akzentfrei sprechen könnten, wenn sie wollten. Nur, Kissingers Akzent sagt den Menschen, wer er ist: ein geflohener Jude, Migrant, Mann mit vielen Heimaten – ein *self-made-man*. Nicht unwichtig für einen internationalen Diplomaten. Und Schwarzeneggers Akzent ist sein Markenzeichen, eines seiner wichtigsten Merkmale.

Selbst der glatten Heidi Klum steht ihr leichter Akzent gut. Im Gegensatz zu anderen Models, die auf erotische Distanz setzen, setzt Klum auf eine lockere Klein-Mädchen-Art. Damit wurde sie in Amerika zum Star, ihr Akzent macht sie unvollkommen und nahbar. Die Diva Naomi Campbell dagegen spricht mit einem britischen Akzent, den man in Amerika mit Snobismus, Aristokratie und Unnatürlichkeit verbindet. Von der Heidi würde keiner glauben, dass sie regelmäßig ihr Personal verprügelt – von Naomi schon.

Die Deutschen ahnen gar nicht, wie viel Wert wir Engländer und Amerikaner auf eine charakteristische Aussprache legen. Möglicherweise kommt das hierzulande durch die Synchronisation englischsprachiger Filme, denn dabei gehen die verschiedenen Akzente der US-Schauspieler einfach verloren. Manche Prominente haben sogar bewusst eine eigene Aussprache erfunden und sind damit zu Stars geworden. Der bekannteste erfundene Akzent ist der *mid-atlantic accent*, auch *boarding house accent* genannt („Internatsaussprache": Kinder, die zur Ausbildung nach Europa geschickt wurden, klangen komisch, als sie zurückkehrten), der vor allem in den 40ern beliebt war. Ein *mid-atlantic accent* entsteht, wenn man versucht, weder zu britisch noch zu amerikanisch zu klingen: Man schleift einige Laute und Begriffe weg und erreicht so einen transatlantischen Kompromiss, der sich ein bisschen exotisch anhört. Und jeder Akzent ist ein wenig anders, weil ihn jeder neu für sich erfinden muss. Es gibt nämlich keine Insel mitten im Atlantik, wo man mit einem *mid-atlantic accent* aufwächst.

Amerikanische Schauspieler wie Katharine Hepburn, Bette Davis, Douglas Fairbanks Jr. und Vincent Price haben ihn oft eingesetzt. Ebenso britische Hollywood-Kollegen wie Anthony Hopkins, Richard Chamberlain sowie Kanadier wie Christopher Plummer und Lorne Greene, aber auch Briten in England wie der BBC-Moderator Gary Davies noch in den 80ern. Selbst unter Intellektuellen ist diese Aussprache beliebt. Sogar Präsident Franklin D. Roosevelt schmückte sich mit solch einem erfundenen Akzent: In seinem berühmten Spruch „*The only thing we have to fear is fear itself*" sagt er nicht *fear*, sondern *fee-ah*.

In Amerika ist diese Aussprache heute nicht mehr so angesagt, gilt aber immer noch als Zeichen der *upper class*: Die beiden Möchtegernsnobs in der Sitcom „Frasier" reden ständig so. Und der berühmteste *mid-atlantic accent* gehörte dem gebürtigen Briten Cary Grant. Von Haus aus sprach Grant mit einem Bristol-Akzent, eignete sich dann auf den Vaudeville-Bühnen Londons eine Art Cockney an und erfand schließlich in Hollywood einen ganz eigenen Akzent. Er wurde dafür berühmt, sein Akzent war eine Art eleganter Witz, den alle nachmachten – sogar Tony Curtis: In einer Szene im Klassiker „Some Like it Hot" („Manche mögen's heiß") versucht er, Marilyn Monroe zu beeindrucken, indem er sich als reicher Schnösel ausgibt und eins zu eins Cary Grant nachmacht.

Was lernen wir daraus? Eine perfekte Aussprache ist nicht nur unnötig, sie ist nicht mal erwünscht. Ein verständlicher deutscher Akzent verleiht seinem Sprecher Profil. Erst er macht aus einer glatten, gelernten Sprache eine lebendige Sprache mit Persönlichkeit.

Im Grunde müssen Sie bloß auf vier Dinge achten, was die Aussprache betrifft: Wie schon erwähnt, hilft es, die Silben weder überdeutlich zu trennen noch sie zusammenzuschelen. Darüber hinaus ist Ihnen das nervige, widerspenstige *th* bestimmt schon aufgefallen, während uns das berüchtigte deutsche *w* nicht entgangen ist.

TH

Th ... th ... thorry!

An dieser Stelle möchte ich mich ausdrücklich – und zwar im Namen der gesamten angelsächsischen Welt – für das *th* entschuldigen. Ich weiß auch nicht, welcher zahnlückige, lispelnde, dauerbesoffene Vorfahr uns das eingebrockt hat. Wissen Sie, wir Engländer und Amerikaner, wir wissen gar nicht, was wir Ihnen damit antun. Wie gemein eine Sprache überhaupt zu Leuten sein kann, die nicht mit ihr aufgewachsen sind, ahnte ich zwar in meiner Schulzeit, dass es sich mit Englisch aber genauso verhält – ehrlich, ich hatte keine Ahnung.

In meiner Jugend, als ich noch glaubte, ich könnte alles schaffen, habe ich einmal den waghalsigen Versuch gestartet, Französisch zu lernen. Ich scheiterte zwar, aber dafür lernte ich etwas sehr Wichtiges fürs Leben: Es gibt Sprachen auf dieser Erde, die es darauf anlegen, anderen das Leben schwer zu machen – und dazu gehört Französisch. Oder wie sonst wollen Sie sowas erklären wie die französischen Zahlen? Wenn die Franzosen in der Lage waren, Wörter für 20 und 30 zu erfinden, warum waren sie plötzlich nicht mehr imstande, sich Wörter für 80 und 90 zu überlegen? Waren sie bis dahin zu betrunken? Wer 84 meint, muss nun vier mal 20 plus vier sagen: „quatre-vingt-quatre". Sie können mir nicht erzählen, dass die Franzosen unter sich so zählen. Nein, es geht ihnen allein darum, die Nicht-Franzosen fertigzumachen. Unter sich sagen sie bestimmt ganz einfach: 84. Wenn ich in Frankreich bin, kaufe ich aus Prinzip nie irgendwelche Dinge, die mehr als 79 Euro kosten.

Leider, das muss ich zugeben, haben neben den Franzosen auch die Engländer ein, zwei gute Möglichkeiten gefunden, Ausländer – darunter vor allem die Deutschen – zu quälen.

Es gibt keinen Laut, der einen Deutschen so verrät wie das *th*. Sobald er nur den Mund aufmacht, kommt kein *th* raus, sondern ein *s* oder *d*. Wenn Sie in England oder Amerika als Deutscher unerkannt bleiben wollen, gibt es nur eine Möglichkeit: Wörter mit *th* vermeiden. Wieso auch nicht? In Deutschland sind Sie auch gut ohne *Thanksgiving* ausgekommen, *thinking* halte ich sowieso für überbewertet, und falls Sie sich mal bedanken wollen, sagen Sie statt *thank you* einfach *I am overwhelmed by deep emotions of gratitude*.

Der berühmteste und beliebteste deutsche *th*-Sprecher neben Arnold Schwarzenegger ist Sergeant Schultz. Während Schwarzenegger *th* mit Vorliebe als *d* ausspricht, ging Sergeant Schultz einen anderen Weg. Die lang laufende, damals unter Kids beliebte Sitcom aus den 60ern namens „Hogan's Heroes", die in Deutschland unter dem Titel „Ein Käfig voller Helden" lief, handelte von einer Gruppe alliierter Kriegsgefangener in einem deutschen Gefangenenlager, die ihre tollpatschigen Aufseher ausspionierten und auch sonst auf jede erdenkliche Art an der Nase herumführten. Unter den bösen Deutschen befand sich der moppelige, gutmütige und nicht unangenehm helle Sergeant Schultz, der Hogan und seine Helden bewachen sollte.

Bekam Schultz Wind davon, dass Hogan etwas Verbotenes tat, was natürlich ein schlechtes Licht auf ihn werfen würde, hatte Schultz die immer gleiche Ausrede parat. Er ignorierte das Problem einfach – vernünftigerweise, muss man sagen. Und dann gab er seinen Spruch von sich: „Ich weiß von nichts! Von nichts!" Doch anstatt das *th* in *nothing* auszusprechen, rief er: *„I know nossing! Nossing!"*

Als Kinder liebten wir den alten Schultz – der übrigens eine Menge über deutsche Aussprache wusste, weil er von Johann Banner, einem vor den Nazis geflohenen österreichisch-jüdischen Schauspieler dargestellt wurde. Heute noch ist der Spruch weithin bekannt. Sollten Sie jemals in Schwierigkeiten geraten, weil Ihnen das *th* wieder mal falsch entschlüpft ist, greifen Sie ruhig auf Sergeant Schultz zurück: *„I know nossing! Nossing!"*

Das *th* ist so schwer zu treffen, weil es nichts weiter als ein zarter Lufthauch ist, der scheu an der oberen Zahnreihe vorbeihuscht und dabei einen Laut annimmt. Stellen Sie sich das *th* ganz poetisch als Schmetterling vor, den Sie mit einem Glas fangen wollen. Sie stülpen das Glas über den Schmetterling und schieben einen Bierdeckel darunter. Der Glasrand muss flach auf dem Bierdeckel liegen, sonst quetscht sich der Schmetterling durch und fliegt weg.

Ihr Gaumen formt das umgedrehte Glas. Die oberen Schneidezähne sind der Glasrand. Der Bierdeckel, mit dem Sie das Glas von unten abdecken, ist Ihre Zunge. Die Zungenspitze muss flach und luftdicht an der oberen Zahnreihe liegen. Sie müssen Ihre Schneidezähne auf Ihrer Zunge spüren können. Wenn Sie jetzt Luft in den Gaumen pusten, kann sie nicht raus, weil Ihre Zunge den oberen Mundraum abschließt. Nun senken Sie die Zungenspitze ab, ganz wenig nur, ganz dezent, lassen der Luft einfach ein wenig Vortritt, und schon presst sich der Luftzug hindurch und entfliegt: *th*.

Farewell, little th!

Sagt man *s* wie Sergeant Schultz oder *d* wie Schwarzenegger, dann liegt die Zunge nicht gleichmäßig an den oberen Zähnen an, sondern weiter hinten am Gaumen. Beim *s* hängt die Zunge locker am Gaumen und lässt zu viel Luft durch. Beim *d* presst sich die Zunge am Gaumen fest – da passt kein Blatt Papier durch –, und wenn die Zunge wieder locker ist, stolpert das harte *d* raus. Egal ob *s* oder *d*, die Zungenspitze ist zu weit hinten und zu hoch – nicht am Gaumen soll sie liegen, sondern die obere Zahnreihe abschließen.

Nach so vielen Jahren in Deutschland bin ich mir eigentlich sicher, inzwischen ganz gut erklären zu können, wie ein *th* funktioniert. Außer bei Charlotte.

Immer, wenn wir uns darüber unterhalten, endet es damit, dass sie behauptet, sie würde eher einen Kirschstengel mit ihrer Zunge im Mund zu einem Knoten schlingen können als jemals das *th* zu beherrschen. Vielleicht hat es damit zu tun, dass sie in der Schule ein traumatisches Erlebnis mit dem Thema hatte. Nach mehreren Gläsern Wein gab sie eines Abends endlich zu, sich in der Englischstunde immer geschämt zu haben, weil sie beim *th*-Üben ständig den netten Banknachbarn vollgespuckt und es deshalb irgendwann vorgezogen hatte, vornehm zu schweigen.

„*I don't think I'll ever learn it*", seufzte sie.

„Aber Charlotte – das war gerade richtig!"

Es musste am Wein liegen. War sie beschwipst, ließ sie jedes Streben nach Perfektion fahren. Die Wörter rollten ihr ungehindert von der Zunge, und sie traf jedes *th* wie eine Opernsängerin das hohe C.

Doch als ich ihr sagte: „He! Du kannst *th* aussprechen! Sag doch mal *The theory of thermodynamic therapy thievishly thickens things for thousands of thirsty thumbsucking thugs!*", schnaubte sie nur irgendwas eindeutig amerikanerfeindliches, in dem wiederholt die Wörter „Blaukraut" und „Brautkleid" vorkamen.

W

Au Veia!

Warum so viele Deutsche Probleme mit unserem *w* haben, ist mir unerklärlich. Es gibt keinen Grund dafür. Es sei denn, einen psychologischen. Und damit meine ich Sturheit. Dies vermute ich zumindest, seitdem ich mich mit Jochen darüber in die Haare bekam. Er hatte wieder mal große Pläne. Diesmal wollte er Schauspieler werden und zwar gleich in Hollywood, weil man dort wahres Talent sofort erkennt, auch ohne dass man vorher auf einer Schauspielschule gewesen sein muss oder sonst irgendwelche Erfahrungen gesammelt hat.

„Das ist eine Superidee", sagte ich. „So wie du dein *w* betonst, kannst du auf der Stelle jeden Nazi spielen." Jochen sprach nämlich wie so viele Deutsche, sein englisches *w* wie ein deutsches „V" aus. „Sag mal *Vee haff vays off making you talk!*", forderte ich ihn begeistert auf.

Statt meinen Vorschlag dankbar aufzunehmen, explodierte er. „Das ist genau das Problem mit euch Amis", schnaubte er. „Ihr seht uns immer nur als Nazis. Weißt du überhaupt, dass wir den Airbag erfunden haben? Davon redet keiner."

„Och komm jetzt. Sei nicht eingeschnappt. Sag nur einmal für mich: *Vee haff vays off making you talk!*"

„Nazis spielen! Mehr wollt ihr nicht von uns! Du kannst dein Hollywood nehmen und es dir sonst wo hinstecken und dein *Vee haff vays off making you talk!* auch!"

Leider musste Hollywood dann doch auf Jochen verzichten. Dafür komme ich ab und zu – wenn wir beim Bier sitzen und ich ihn ganz lieb bitte – in den erhabenen Genuss, ihm zu lauschen, wie er in perfektem Deutsch-Englisch „*Vee haff vays off making you talk!*" sagt.

Das berühmteste deutsche *w* in der englischsprachigen Welt stammt nicht aus Deutschland, sondern aus Hollywood: Im Film „The Lives of a Bengal Lancer" (Bengali) von 1935 legt sich eine Kavallerieeinheit der britischen Kolonialtruppen in Indien – die *Bengal Lancers* – mit dem Kriegsherrn Mohammed Khan an. Als dieser vorübergehend die Oberhand gewinnt, will er aus drei mutigen *Bengal Lancers* Informationen herauspressen, und dafür schreckt er vor nichts zurück. Die kommende Folter kündigt er mit den Worten an: *„We have ways of making men talk."* (Wir wissen, Männer zum Reden zu bringen.)

Obwohl der Film bald in Vergessenheit geriet, wurde der Spruch in der Variante *We have ways of making you talk* zum geflügelten Wort. Gern mal als nicht ganz ernst gemeinte Drohung unter Freunden: „Willst du mir nicht verraten, was ich zum Geburtstag kriege? *We have ways of making you talk!"*

Weder im Film noch unmittelbar danach hatte der Spruch irgendwas mit Deutschland zu tun. Doch dann vollzog sich ein merkwürdiger Wandel. Wann genau es dazu kam, weiß kein Mensch, aber ich vermute stark, es hatte etwas mit dem Zweiten Weltkrieg zu tun. Aus *We have ways of making you talk* wurde auf einmal ein ziemlich deutsch klingendes: *Vee haff vays off making you talk!*

Etliche Zeitungen in Amerika und England wandeln noch heute den Spruch ab, wenn sie über etwas Merkwürdiges aus Deutschland berichten, so in der Schlagzeile des „Daily Mail" über die Aufführung der umstrittenen Nazi-Musical-Comedy „The Producers" in Berlin: *„Ve have vays of making you laugh!"*[9] Auch Woody, Hauptfigur des Kinofilms „Toy Story", wird mit diesem Spruch gedroht, als der böse Nachbarsjunge ihn foltern will, und die Muppets benutzten mal diese Variante: *Ve haff vays of making you stop talking!*

Das ist für uns Angloamerikaner der urdeutsche Akzent – aus unserem weichen *w* wird ein hartes *v*.

Warum die Deutschen es nicht schaffen, *way* statt *vay* zu sagen, ist mir schleierhaft. Es müsste doch eigentlich ganz leicht sein, denn dieses weiche, fast stumme *w* gibt es bereits im Deutschen – am Ende von Wörtern wie Bülow und Rudow. Nun könnten Sie einwenden, dass man das W in Bülow und Rudow eigentlich gar nicht ausspricht: Man beendet das Wort einfach mit O. Stimmt ja auch. So wird's gemacht. In dem Moment, in dem Sie Bülow beenden, den Mund aufmachen und das ay dranhängen, haben Sie das w: „Büloway ... Üloway ... Loway ... Oway ... Way."

OXFORD ENGLISH

Auf der Suche nach dem wahren Englisch

Nur in Deutschland gibt es ein richtiges und ein falsches Englisch: „Oxford Englisch" ist richtig, alles andere falsch. Aber bloß die Deutschen wissen das. In der englischsprachigen Welt weiß das kein Mensch.

Ich fragte mal einen britischen Journalisten, ob es *Oxford English* wirklich gibt. Seine Antwort lautete in etwa: „Ja, schon, irgendwie, glaube ich. Ist das nicht ein anderer Ausdruck für *King's English*? Moment ... gibt es *King's English* überhaupt noch?" Den Begriff *Oxford English* gibt es tatsächlich, aber was er bedeutet, war schon damals nicht ganz klar, und heute wird er außerhalb Deutschlands kaum noch verwendet.

Vermutlich leitet er sich vom „Oxford English Dictionary" her, der Urmutter aller Wörterbücher. Wer die Sprache des „OED" spricht, der spricht „Oxford-Englisch". Das Problem ist: Das „OED" enthält so ziemlich alles, was jemals auf Englisch gesagt wurde – nicht nur „das Richtige". Das Wörterbuch ist ja kein grammatisches Regelwerk, sondern eine objektive Bestandsaufnahme. So befinden sich im „OED" auch amerikanische, australische, schottische, Cockney und andere regionale Varianten. Da findet man das amerikanische *truck* einträchtig neben dem britischen *lorry*. Selbst das schöne amerikanische Wort *d'oh*! ist drin.

D'oh! ist ein typischer Spruch der amerikanischen Zeichentrickfigur Homer Simpson. Immer wenn er was Dummes tut, sagt er in einer schmerzhaften Anwandlung von Selbsterkenntnis: „*D'oh!*" – in der deutschen Synchronisation: „Nein!" Seitdem ist *d'oh!* ein Ausdruck für rasende Dummheit. Lange glaubte man, der Begriff sei eine freie Erfindung des Sprechers, der Homer Simpson seine Stimme lieh. Dann nahm das „OED" das Wort unter die Lupe. Und stellte fest, dass das Wort eine Abwandlung von *duh!* sei, was jedes amerikanische Kind kennt. Sagt jemand was Dummes, reagiert man darauf mit *duh!* (und schlägt sich mit der flachen Hand auf die Stirn):

Kid 1: „*I don't think Sally really likes me, she just wants help with her homework.*"

Kid 2: „*Duh!*"

Auch weitere Recherchen ergaben interessante Zusammenhänge. In einem Interview gab der Homer-Simpson-Sprecher Dan Castellaneta an, er hätte das Wort von einer Figur aus den „Dick und Doof"-Filmen übernommen, die *d-o-o-oh* sagt, wenn etwas schiefgeht – eine Art familiengerechte Abwandlung des Schimpfworts *damn!* (Verdammt!). Die besagte „Dick und Doof"-Nebenfigur wurde von James Finlayson gespielt, einem Briten. Das führte zu weiteren Recherchen, bei denen herauskam, dass die frühesten Beispiele von *duh* in England veröffentlicht wurden – und zwar 1945 in einer BBC-Sendung.

Homer Simpson spricht also „Oxford-Englisch".

Auf die Frage „Was ist richtiges Englisch?" kennt die englischsprachige Welt keine Antwort. Die Deutschen haben es da besser – bei ihnen gibt es das „Hochdeutsch", das sie einfach aufs Englische übertragen, indem sie „Oxford-Englisch" zum Standard erklären. Dazu kommt die große Nostalgie nach dem Mythos der vergangenen „feinen englischen Art". Das ist wohl auch ein Grund, warum das vermeintliche „Oxford-Englisch" in Deutschland so wichtig ist: Es gibt jedem stinknormalen Menschen das Gefühl, er spräche wie ein Lord Mountbatten.

Bekannter als „Oxford-Englisch" ist bei uns Angloamerikanern der alte Begriff *King's English*, also die Sprache, die der König spricht. Wie der König das genau machte, wurde zumeist von Menschen beschrieben, die keine zwei Worte mit ihm gewechselt hatten. Als man irgendwann merkte, dass selbst in England nur ein verschwindend kleiner Teil der Bevölkerung *King's English* sprach, versuchte man, eine modernere Definition zu finden, und kam auf *Standard English* – die Sprache, die die meisten Menschen sprechen.

Allerdings bekamen die Sprachwissenschaftler auch mit diesem Begriff schnell Probleme, denn die meisten Menschen, die heute Englisch sprechen, leben nicht in Großbritannien. Also teilte man *Standard English* in verschiedene Varianten „Standard-Englisch des jeweiligen Landes" – ob nun britisches, amerikanisches oder *Standard Singapore English*. All das hilft aber nicht weiter bei der Frage: Was soll ich jetzt lernen? „Oxford-Englisch" oder amerikanisches Englisch?

Die einzig vernünftige Antwort darauf: völlig egal. Sie können sich um einen britischen oder amerikanischen Akzent bemühen, wie Sie wollen, ein leichter deutscher Akzent wird immer durchschimmern. Ich kenne Deutsche, die so gut sprechen, dass ich sage: „Er redet wie ein Engländer." Damit meine ich aber nicht: Er ist von einem waschechten Briten nicht zu unterscheiden. Denn die meisten Deutschen, die „Oxford-Englisch" sprechen, geben sich mehr Mühe als echte Engländer. Ich kenne einige Briten, aber keiner von ihnen spricht ein so deutliches „Oxford-Englisch" wie die Deutschen.

Es ist egal, ob Sie am Ende britisches, amerikanisches, transatlantisches oder deutsches Englisch sprechen. Viel wichtiger ist, dass man das Gefühl hat, Sie legen nicht jedes Wort auf die Goldwaage. Bleiben Sie im Fluss, wenn Sie reden, unterbrechen Sie sich nicht mittendrin, wenn's hakt, suchen Sie Alternativen und sprechen Sie einfach weiter – so wie Sie es auf Deutsch auch tun würden, wenn Ihnen ein Wort nicht einfällt. Englisch wird heutzutage mit so vielen verschiedenen Akzenten gesprochen, man unterscheidet nicht mehr zwischen richtig und falsch. Allerdings gibt es nichts Irritierenderes als einen Menschen, der etwas Interessantes zu erzählen hat, aber jeden zweiten Satz mit der Frage unterbricht: „War das richtig? Sagt man das so?"

Verstehen Sie mich nicht falsch: Wenn Ihr Lehrer im Fremdsprachenkorrespondentenweiterbildungskurs darauf besteht, dass Sie mit einem perfekten Nordwindsor-Akzent sprechen, wenn Sie sich in Cambridge als Professor für englische Literatur oder als Radiosprecher in New York bewerben, dann streben Sie ruhig nach Perfektion.

In allen anderen Fällen lassen Sie es.

ORIGINAL VERSION

Wenn Marlon Brando nuschelt, ist das Kunst

Neuerdings wird die Idee des *Standard English* modernisiert. Immer häufiger ist die Rede von Begriffen wie *TV English* oder *BBC English* – realistischerweise –, denn in Amerika wie in England (übrigens auch in Deutschland) setzt heute weder der König noch das „OED" den Standard für die gesprochene Sprache, sondern das Fernsehen, geben wir's ruhig zu. Das ist vor allem für die Deutschen gut zu wissen, welche verzweifelt nach einem „Hochenglisch" suchen. Es ist nämlich nicht leicht, von der Queen selbst *Queen's English* zu lernen, während jeder britisches (oder amerikanisches) Fernsehen im Original auf DVD gucken kann.

Oft passiert Überraschendes, wenn man sich zum ersten Mal einen Film im englischen Original anschaut. Jochen war erstaunt, dass er überhaupt etwas mitbekam, nachdem ich ihn in den ersten fünf Minuten daran hindern konnte, wieder aus dem Kino rauszurennen.

„Nach zehn Minuten hab ich tatsächlich alles verstanden", sagte er verblüfft. „Das lag daran, dass die Schauspieler nicht genuschelt haben. Heutzutage nuscheln in diesen Hollywood-Filmen die Typen alle", setzte er mit der natürlichen Verachtung des gebildeten Europäers hinzu. „Damals konnten sie noch richtig sprechen."

Wir waren zusammen in die Originalfassung eines alten Kinofilms gegangen: „To Be or Not to Be" von Ernst Lubitsch aus dem Jahre 1942. Jochen war gut in Englisch, aber noch nicht originalversionserprobt. Deshalb hatte er befürchtet, er würde den Film gar nicht verstehen.

Es hat einen Grund, warum einige frühe amerikanische und zahlreiche britische Filme leichter zu verstehen sind als die meisten modernen Hollywood-Filme. Er heißt *The Method*.

The Method ist eine Art zu spielen, die von Lee Strasberg in den 50ern in New York entwickelt wurde. Strasberg war sicher der einflussreichste Schauspiellehrer Amerikas. Seine berühmtesten Schüler waren Marlon Brando, Paul Newman, Dustin Hoffman, Al Pacino und natürlich Marilyn Monroe, die ihm 75 Prozent ihres Vermögens vermacht hat.

Strasberg, der viele seiner Ideen wiederum vom russischen Schauspiellehrer Konstantin Stanislawski hatte, strebte nach einer realistischeren Darstellung auf der Bühne. Also ermunterte er seine Schüler, sich in die Menschen, die sie spielen sollten, hineinzudenken. Wer einen Cop spielte, sollte nicht nur seine Dialoge beherrschen, er sollte auch wissen, was ein Cop denkt, isst, wie er lebt und was er für ein Auto fährt. Er sollte zum Cop werden. (Diese Methode wird oft in Komödien hochgenommen wie zum Beispiel in „Tootsie", als Dustin Hoffman in einem Werbespot versucht – wenn ich das noch richtig im Kopf habe –, sich in das Innenleben eines Gemüses einzufühlen.)

Teil der „Methode" war es, so zu sprechen, wie echte Menschen das tun. Bis dahin hatte man in der britisch-englischen Bühnentradition gesprochen – so klar und deutlich wie möglich.

Jetzt sagte man sich: Im echten Leben spricht kein Mensch so. Also begann man zu „nuscheln", wie die Deutschen das leicht befremdet beschreiben. Der berühmteste „Nuschler" ist sicher Marlon Brando. Seine mundfaule und überaus sexy Aussprache nachzumachen gehört immer noch zu den beliebtesten Witzen unter Filmfans.

Wer als Deutscher das Nuscheln der Stars nicht versteht, muss sich nicht schämen. Selbst ich verstehe manchen Satz im Kino nicht. Das ist normal – jeder Englischsprechende macht diese Erfahrung regelmäßig, denn auch beim Hören von Popliedern geht manches unter. (Das irritierte Jochen sehr, anfangs lehnte er sich oft zu mir und flüsterte: „Was hat er gesagt?" Und ich sagte: „Weiß nicht." Dann sah er mich an, als ob ich frühzeitig dement wäre. Mittlerweile, um diesem Blick zu entgehen, erfinde ich einfach irgendwas.)

Dies ist also die Ursache, warum Hollywood-Filme aus den 40ern oft besser zu verstehen sind als die danach – solange die Originaltonspur nicht gelitten hat. Obwohl *The Method* heute auch von vielen britischen Schauspielern praktiziert wird, herrscht in einigen Filmen immer noch die alte Bühnentradition des artikulierten Sprechens – manche nennen sie die *Shakespearian tradition*. Für einen Amerikaner kommt diese Art zu sprechen zwar sehr kultiviert rüber, jedoch wenig realistisch. Das ist einer der Gründe, warum wir Amis synchronisierte Filme ablehnen und bei ausländischen Filmen lieber Untertitel lesen. Wer im Studio einen fertigen Film synchronisiert, tut dies meist sehr klar, deutlich und nüchtern, fast monoton.

Wer mithilfe von Kinofilmen oder DVDs im O-Ton sein Englisch auffrischen will, braucht ein wenig Durchhaltevermögen, wird aber dafür eine überraschende Erfahrung machen. Hier gibt es drei Möglichkeiten:

- mit deutschen Untertiteln
- mit englischen Untertiteln
- ohne Untertitel

Letzteres ist nichts für Anfänger, doch wer schon etwas besser mit der Sprache vertraut ist, sollte es versuchen. Allerdings ist das erste Mal oft enttäuschend. Es dauert ein wenig, bis sich das Ohr auf die neue Sprache eingestellt hat. Selbst als erfahrener Fremdsprachen-Sprecher versteht man in den ersten zehn bis 15 Minuten wenig. Es wird einfach zu schnell und mit zu viel Akzent gequasselt. Plötzlich aber erlebt man ein merkwürdiges Phänomen – irgendein Schalter im Kopf wird umgelegt, und man versteht Schlag auf Schlag immer mehr. Bloß die ersten Minuten Frust muss man durchstehen.

Wer jedoch nach einer Stunde immer noch nur Bahnhof versteht, sollte es vielleicht in einem halben Jahr erneut probieren. Eins sollten Sie auf jeden Fall vermeiden, so verlockend es auch ist: die deutschen Untertitel einzuschalten. Sie werden nur noch lesen und von der gesprochenen Sprache kaum was mitbekommen – ganz zu schweigen vom Film selbst.

Meiner Erfahrung nach schaut man am besten mit englischen Untertiteln, denn so ist es weniger anstrengend. Und wann immer Lernen Spaß macht, bekommt man Lust auf mehr.

Mit diesem Thema haben sich sogar Forscher des Max-Planck-Instituts im niederländischen Nijmegen beschäftigt. Sie ließen englischkundige Niederländer schwierig zu verstehende Filme in der Originalfassung mit schottischem, irischem oder australischem Dialekt gucken. Eine Gruppe schaute sie mit niederländischen Untertiteln an, eine mit englischen. Das Resultat war verblüffend: Diejenigen, die die Filme mit englischen Untertiteln sahen, hatten nicht nur mehr von der Geschichte begriffen, sondern sogar neue englische Wörter gelernt.

Das Ganze hat natürlich auch Nachteile. Zumindest für mich. Denn seit Jochen die Freuden des Originalversionschauens entdeckt hat, hat er sich die Hälfte meiner DVD-Sammlung ausgeliehen – und mit jedem Monat schwindet meine Hoffnung, dass ich sie je wiedersehe.

THE TRANSATLANTIC LIST

Oh Mann, bin ich gestopft worden

Ich bin ein großer Fan von Toast mit Orangenmarmelade. Nicht, weil Marmelade mir besonders schmeckt, sondern einfach weil ich das Wort „Marmelade" liebe. Immer wenn ich eine Orangenmarmelade öffne oder nur das Wort höre, erinnere ich mich an eine der wichtigsten Begegnungen meiner Kindheit: die mit *Paddington Bear*. Wie viele Amerikaner hörte auch ich zum ersten Mal solch exotische Wörter wie *marmalade* in britischen Kindergeschichten, und wie alle amerikanischen Kinder stellte auch ich mir vor, dass *orange marmalade* was ganz Besonderes sei – viel besser als der *jam* und *jelly*, den mir meine Mutter auf mein *peanut butter sandwich* schmierte. Ständig meckerte ich über den schnöden *jam* und dass wir hier in Amerika keine *marmalade* kriegen, bis meine Mutter eines Tages eine Bekannte bat, mir von ihrer Englandreise doch ein Glas Orangenmarmelade mitzubringen.

Das war ein Erlebnis, kann ich Ihnen sagen. Sofort, gleich beim ersten *peanut butter and marmalade sandwich* machte ich zwei wichtige Entdeckungen:

    1. Diese bittere *orange marmalade* ist ganz schön gewöhnungsbedürftig, und
    2. *marmalade* ist bloß ein anderes Wort für *jam*!

Damals vor zwei Jahren, als Fritz noch vor seiner allerersten Amerikareise stand, erkundigte er sich jeden zweiten Tag besorgt bei mir: „Aber wenn ich nach Amerika fahre und dort ‚Oxford-Englisch' spreche, versteht man mich dann überhaupt?"

Wochenlang hatte ich ihm eingeimpft: „Mach dir keine Sorgen deswegen. Die Unterschiede zwischen britischem und amerikanischem Englisch sind so gering, dass sie nicht ins

Gewicht fallen. Wenn dir das amerikanische Wort für Ferien nicht einfällt, sag *holiday*, sie werden schon kapieren, was du meinst. Und wenn du nicht weiterweißt, frag einfach."

Zu viele Deutsche nehmen diesen Witz von Oscar Wilde wörtlich: *We have really everything in common with America nowadays, except, of course, language.* „Kein Mensch in England macht sich Sorgen, dass er Melville, Twain, Hemingway oder gar einen ‚Twilight'-Film nicht versteht", beruhigte ich den skeptischen Fritz. „Genauso weiß der Durchschnittsami, dass ein *lift* ein *elevator*, ein *flat* ein *apartment* und ein *loo* eine Toilette ist – und er kapiert auch Harry Potter, Monty Python und James Bond."

Im weiteren Gespräch stellte sich heraus, dass selbst Fritz wusste, dass „Fußball" in England *football* und in Amerika *soccer* heißt; dass eine *mummy* in England eine Mama, in Amerika jedoch eine Mumie ist; wer in London *chips* bestellt, frittierte Kartoffelstäbchen bekommt, in New York hingegen frittierte Kartoffelscheibchen.

„Siehst du?", sagte ich. „Geht doch."

Charlotte war überhaupt nicht meiner Meinung. „Du hast gut reden", schimpfte sie. „Du hast nie die Erfahrung gemacht, mitten im Restaurant zu sitzen, von jedem hergelaufenen Kellner angegrinst zu werden und wochenlang unanständige Angebote zu bekommen!"

Na gut, ich konnte ihr Argument verstehen. Da war dieser Zwischenfall auf unserer Chicago-Reise gewesen. Wir aßen schon am ersten Abend im Hotelrestaurant, und Charlotte – vielleicht ein wenig übermütig – wollte ein Dessert bestellen, von dem sie schon viel gehört hatte. Also winkte sie den Kellner her und sagte zu ihm: „*Do you have a spotted dick for me?*"

Warum der Kellner stutzte, wurde ihr nicht gleich klar. Auch nicht, warum die anderen Kellner, ja, das gesamte männliche Hotelpersonal sie die folgenden zwei Wochen ganz besonders freundlich behandelte – immer wenn sie sich umdrehte, stand da bereits einer, der sie angrinste und fragte: *"Can I bring you anything? Anything you want. Anything."*

Ich brachte es nicht übers Herz, ihr zu erklären, dass *spotted dick* in Amerika eine etwas andere Bedeutung hat als in England. Das erfuhr sie erst später in Deutschland. Es war die dunkelste Stunde in unserer Beziehung. In England ist *spotted dick* ein traditioneller Pudding. In Amerika aber bedeutet *spotted* „gefleckt" und *dick* „Penis".

Ich musste also Charlotte hoch und heilig versprechen, Fritz eine Liste von Begriffen mitzugeben, die in Amerika etwas anderes bedeuten als in England.

Ich gehe bestimmt recht in der Annahme, dass Sie keinen davon in der Schule gelernt haben.

Meine persönliche Fettnäpfchenliste

Bash vs. bash
Bash meint sowohl in Amerika als auch in England eine Party. In England aber kommt eine weitere Bedeutung hinzu: *Bash one out* beziehungsweise *have a bash* heißt „masturbieren". Wenn ein Engländer sagt *Why don't you come over? We're having a little bash*, fragen Sie ruhig nach, was er denn damit meint.

Bomb vs. bomb
„Na? Wie war die Party?" Heißt die Antwort auf diese Frage *It was a bomb* und man ist zufällig in England, dann war die Party „einfach bombig". Ist man in Amerika und die Antwort heißt *The party bombed* (oder das Theaterstück, der Film oder Microsoft Windows Vista), war sie eine Pleite.

Bonk vs. bonk
Ein *bonk on the head* mit einer Keule tut in Amerika weh. In England ist *bonking* eher genussvoll gemeint – nämlich der „Geschlechtsverkehr".

Boob vs. boob
Boobs (*boobies* ist die Kinderversion) sind in den USA und in England ein Paar sehr erfreuliche, sekundäre weibliche Geschlechtsmerkmale. Dazu kommt, dass der Engländer das Wort für „Fehler" und der Amerikaner es für einen „dummen und gutgläubigen Menschen" verwendet.

Nicht zu verwechseln mit *boob tube* – in England ist das ein „enges, schulterfreies Kleid", in Amerika die „Glotze".

Bum vs. bum
In den USA ist ein *bum* ein Penner, auch im übertragenen oder ironischen Sinne: *I love you, you bum*. Für die Engländer ist *bum* aber der Hintern – also Vorsicht mit derartigen Liebeserklärungen dortzulande. Wenn es um den Hintern geht, sagen wir in den USA *butt*.

Cracker vs. cracker
Ein *cracker* ist in England sowie in Amerika ein ungesüßter Keks, ein *firecracker* ein Feuerwerkskörper. Allerdings hat der Satz *You're a cracker* mit einer anderen Art Feuerwerk zu tun: In England haben Sie damit gerade zu einer Frau gesagt: „Sie sind aber eine Zuckerschnecke" und in Amerika einen weißen Mann einen „asozialen Penner vom Lande" genannt.

Fag vs. fag
Fragt einer in England „*Got a fag?*", dann meint er „Hast du eine Kippe?". Fragt er das in Amerika, kann's brenzlig werden – „Hast du einen Schwulen?".

Fanny vs. fanny
Komisch, wie verschiedene Länder das gleiche Wort anders sehen. Die Amerikaner verwenden das Wort *fanny* für hinten, die Engländer für vorne. Bei uns ist es ein nettes Wort für den weiblichen Hintern, in England ist es ... na ja, eben umgekehrt.

Gagging vs. gagging
Gagging meint grundsätzlich „würgen", aber in England bedeutet es auch „verzweifelt sein" – *gagging for sex* (nach Sex hecheln beziehungsweise es wirklich nötig haben).

Hoo-Ha vs. hoo-ha
Die armen Engländer, sie streiten sich zu viel und beachten zu wenig die schönen Dinge des Lebens. Dort ist nämlich ein *hoo-ha* ein Streit, in Amerika ist ein *hoo-ha* das unaussprechliche weibliche Primärgeschlechtsteil.

Hooker vs. hooker
In England ist ein *hooker* ein Stürmer beim Rugby – in Amerika eine Nutte. Also: Achtung bei Sportgesprächen in geselliger Runde!

Knickers vs. knickers
Es hat jahrelang gedauert, bis ich verstand, was ein Engländer meinte, wenn er von *knickers* sprach. Nein, es hat nichts mit der New Yorker Baseballmannschaft die „New York Knicks" zu tun. Damit meinen die Engländer vielmehr Damenunterhöschen – also das, was wir Amerikaner *panties* nennen. *Knickers to you* bedeutet „Mir ist deine Meinung egal", und *Don't get your knickers in a twist* (Amerika: *Don't get your panties in a twist*) „Reg dich ab". *Fur coat and no knickers* (Pelzmantel und keine Unterhose) meint eine Frau, die reich und glamourös aussieht, aber sie sieht eben nur so aus. Und *Oh knickers* heißt „Scheiße noch mal".

Knob vs. knob
In Amerika ist ein *knob* eine „Türklinke". In England öffnet es eine ganz andere Tür – *knob* ist Slang für „Penis". Sollten Sie also jemals einen verstaubten altenglischen Herrensitz erben, dann bitten Sie Ihren Butler bloß nicht als erstes *to polish the*

knob. Er wird nach der Aufforderung zur Masturbation sofort kündigen – und Sie wissen ja, wie schwer es ist, heutzutage einen guten Butler zu finden.

Mate vs. mate
Briten und Amerikaner haben wohl eine andere Auffassung von Liebe und Freundschaft. Ein *mate* ist in Amerika ein Sexpartner, in England aber ein Kumpel. Da haben die Tiere es leichter. Egal, wo sie sich paaren, es heißt immer *they mate*.

Pecker vs. pecker
Wer in England sagt *keep your pecker up*, meint „bleib tapfer"; wer diese Worte jedoch in Amerika ausspricht, ermuntert seinen Gesprächspartner zu einer Erektion.

Pull vs. pull
Will Mann in einer Kneipe eine Dame „abschleppen", tut er das in Amerika mit den Worten *pick up* – in England aber mit *pull*. Lustigerweise benutzen die Deutschen beide Begriffe: aufgabeln und abschleppen.

Randy vs. randy
Wer Randall oder Randolph heißt, hat es in England nicht leicht. Die Kurzform heißt Randy, was „geil" beziehungsweise „notgeil" bedeutet. Das gilt eingeschränkt auch für Amerika, jedoch ist dort *horny* weiter verbreitet.

Root vs. root
Root meint allgemein „Wurzel". In Amerika kommt hinzu, dass wir damit jemanden anfeuern: *We'll be rooting for you* heißt „Wir werden dich anfeuern" – meist von der Zuschauertribüne aus. In England ist *rooting* Geschlechtsverkehr. Überlegen Sie also lieber zweimal, bevor Sie Ihren Lieblingssportler in England mit *rooting* anfeuern.

Rubber vs. rubber
In England ist ein *rubber* ein „Radiergummi", in Amerika heißt ein Radiergummi *eraser*. Bei uns bedeutet *rubber* „Pariser". Deshalb sollten Sie in einem amerikanischen Büro nur in ganz bestimmten Situationen nach einem *rubber* fragen – zum Beispiel wenn die Betriebsfeier außer Kontrolle gerät und sämtliche Kollegen um die Wette Wasserbomben bauen.

Stuff vs. stuff
Stuff ist ein sehr wichtiges Wort – in Amerika wie in England –, jedoch aus unterschiedlichen Gründen. Im konsumorientierten Amerika steht *stuff* zunehmend ironisch für den ganzen Tinnef, der sich so angesammelt hat, bis man eines Tages verzweifelt die Hände über dem Kopf zusammenschlägt und sagt: „Mein Gott, das ist alles doch bloß Kram." – *It's just stuff*.

To stuff bedeutet aber auch „stopfen". Ein Plüschtier ist ein *stuffed animal*, und wenn wir besonders viel gegessen haben, sagen wir Amis manchmal, wir seien „vollgestopft".

Das stellt jedoch ein Problem dar, sobald wir England besuchen. Denn dort heißt *stuff* zwar ebenfalls Krimskrams, aber viel wichtiger, es bedeutet auch „ficken". *Get stuffed* meint „Fick dich ins Knie". Und wenn ein Ami sich am Esstisch zurücklehnt, auf seinen Bauch klopft und verkündet: *I'm stuffed* ... na ja, dann ist das für Briten einfach nur unterhaltsam.

Tart vs. tart
In Amerika eine erfrischende, edle, leichte Torte – in England ein nicht so edles, leichtes Mädchen, das wahllos Männern Erfrischungen anderer Art anbietet.

Tramp vs. tramp
Ein Tramp ist auf beiden Seiten des Atlantiks ein Obdachloser oder Landstreicher wie im Disneyfilm „Susi und Strolch" („Lady and the Tramp", 1955). Aber in Amerika kommt ein weiterer,

etwas veralteter (und fast niedlich gemeinter) Begriff hinzu: „Schlampe". Und so heißt der Hit aus dem Musical „Babes in Arms" von 1937, von dem der Disneyfilm seinen Titel lieh, gesungen unter anderem von Frank Sinatra:

> „The Lady Is a Tramp
> *She gets too hungry for dinner at eight*
> *She loves the theater, but doesn't come late*
> *She'd never bother with people she'd hate*
> *That's why the lady is a tramp.*"

1. Alle Namen in diesem Buch sind verfremdet und die Abenteuer der genannten Charaktere zu Unterhaltungszwecken vermischt und überspitzt worden.
2. www.gutenberg.org, 1/2011 (Projekt Gutenberg Literary Archive Foundation, Salt Lake City, USA)
3. Ebenda
4. www.imdb.com, 1/2011 (IMDb.com, Inc., Seattle, USA)
5. Matthias Geis: Es grünt so schwarz, in: Die Zeit, 19.3.2010
6. www.guardian.co.uk, 16.6.2010 (Guardian News and Media limited 2011, London, England)
7. www.gutenberg.org, 12/2010 (Projekt Gutenberg Literary Archive Foundation, Salt Lake City, USA)
8. Ebenda
9. Robert Hardman: Ve have vays of making you laugh!, in: Daily Mail, 18.5.2009